パリの
カフェごはん

パリジェンヌが恋する人気店の秘密レシピ

荒井好子 著

はじめに

　私がパリに来たのが1971年。当時からカフェは、老若男女、階層を問わず人々の幸せな笑い声で満ちあふれていました。敷居の高いレストランとは一線を画し、おなかがすけばサンドイッチや軽食をほおばり、夜ともなれば、気の合う仲間とワインを飲みながらカジュアルな料理を楽しみ語り合う……、まさにパリの「おいしい！」を感じることのできる一つの場所であることは、昔も今もまったく変わっていません。

　当時の流行の発信地といえば、サンジェルマン・デ・プレ界隈で、たくさんのカフェがありましたが、1989年、バスティーユにオペラ座が建設されると、今度はバスティーユ界隈に流行の発信地は移り、それとともにおしゃれでおいしい料理を提供するカフェが誕生していきました。そして、今、中心地の地価の高騰で、30～40代の富裕層がレプュブリック広場界隈から北へと移り始め、彼らの嗜好に応える新しいコンセプトを掲げるカフェが続々と誕生しています。今、パリで大流行の野菜や雑穀中心のヘルシー料理、そして食の大革命といわれているハンバーガー人気はこの界隈から発信されたものです。

　そんなカフェを通してパリの今を日本に紹介したいと思い、レプュブリック広場界隈を中心に、私が以前から通っている店や、コンセプトがおもしろく料理もおいしいカフェを取材して回りました。そして絞り込んだすえに、「OUI（ウイ）」の快い返事をくれたカフェがここに登場します。ほとんどがランチタイムには行列ができる人気店です。この本は、秒単位で仕事をこなしながら、惜しげなくレシピを提供してくれた、オーナーやシェフとともに作り上げた一冊です。味はもちろん美しさにも健康にもこだわる、欲張りなパリっ子たちを虜にしたカフェの味を、盛りだくさんにお届けします。

荒井好子

〈パリ全体Map〉

フランス最大の都市であり、首都でもあるパリは、20区の行政区で分けられています。ルーブル美術館を中心に1〜7区が時計まわりに取り囲み、その外側もまた時計まわりに区が順番に配置されています。セーヌ川をはさんで北側が右岸、南側が左岸です。
本書は右岸のバスティーユ広場、レピュブリック広場を中心に、人気のカフェを紹介しています。

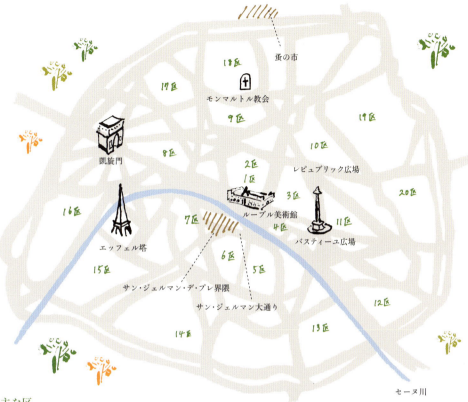

パリの主な区

【1区】パリ市のほぼ中心に位置するパリ発祥の地。世界的に有名な歴史的建造物が多く、20の区の中でいちばん人口密度が低い。

【2区】1区に続き古い地区で歴史的建造物が多い。日本人街もある。

【3区・4区】この地域はマレ地区といわれ、高級ブランド店が並ぶ。また裕福なユダヤ系住民が多く、ユダヤ教の教会や、かつての貴族の館も多く見ることができる。

【5区・6区】20世紀半ばまでは流行の発信地で現在も高級ブティックが並ぶ。パリ大学などの大学が集中する学生街でもある。

【11区】20の区の中でいちばん人口密度が高い。若者が集まる街としてテクノ音楽やゲーム、アニメなどを扱う店が並ぶ。

【18区】モンマルトル教会の西側はアラブ系、アフリカ系の移民が多く住み、教会の北側、パリを見下ろす高台は一等地で高級住宅街。南側は庶民街。

 もくじ

Cantine merci 8
メルシー・カンチーヌ
黒米のサラダとひよこ豆のサラダ 9
緑のスープ 11
キヌアのガレット 12

Le Pain Quotidien 16
ル・パン・コティディアン
有機野菜たっぷりピリ辛ポトフ 17

サンドイッチとタルティーヌで気軽にカフェ気分 20
キュイソンのサンドイッチ・パリジャン 21
レピスリー・サン・サバンの
　コッパハムとチーズのサンドイッチ 22
フォルクス・アンド・スパロースの
　サンドイッチ・ヴェジタリアン 23
ル・パン・コティディアンのアボカドペーストと
　ゴマ塩のタルティーヌ 24

Blend 26
ブレンド
ハーブ・ハンバーガー
　ハチミツ入りマスタードソース 27
ブルーチーズ・ハンバーガー
　たまねぎのバルサミコ酢煮 29

Folks and Sparrows 30
フォルクス・アンド・スパロース
燻製マグロのハンバーガー 31

L' épicerie Saint-Sabin 34
レピスリー・サン・サバン

Cuissons 36
キュイソン
たらの蒸し焼き バジルソース・ヴィエールジュ 37
マッシュルームのスープ 39
ナスのタタン 40
牛肉のタタキ 42

Loup 44
ル
イカのベニエ 45
カマンベールとバジルの生春巻き焼き
　ビーツソース添え 47
骨つきラムのハーブオイル煮
　小さなポテト添え 48

Café Pinson 50
カフェ・パンソン
パンソンの穀物サラダ 51
パンソンのたっぷり野菜 カレーソース添え 53

ma cocotte 54
マ・ココット
自家製テリーヌ 55
フィッシュ・アンド・チップス ポルトベロ風 57

paprika 58
パプリカ
スモークサーモンのリゾット 59
ニンジンのアニスサラダとブルグールサラダ 61

La Recyclerie 62
ラ・ルシクルリー
チキンウラップのトルティーヤと
　スペルト小麦のサラダ 63
ブルターニュ風ブイヤベース 64

La Tasse du Marais 70
ラ・タース・ド・マレ
チキンサラダ セザールソース 71

タルトとキッシュのカフェ別味比べ 74
基本のタルト台を作りましょう 75
ル・ロワール・ダン・ラ・テイエールの
　ナスのトマトソースタルト 76
ラ・タース・ド・マレの野菜のキッシュ 78
パプリカのベーコンとネギのタルト 80
メルシー・カンチーヌの野菜のタルト 82

La faille 84
ラ・ファイユ
サバのマスタードジュレ添え 85
フォアグラのテリーヌ ルバーブコンフィのせ 87
ジェローム・ガリさんのグリーンアスパラ
　クリームチーズ添え 88
ガスパチョとグリーンピースムース 90

Miss Lunch 92
ミス・ランチ
スペルト小麦のクリーム煮 豚のグアンチャーレのせ 93
編んだマスのソテー 95

Le loir dans la théière 96
ル・ロワール・ダン・ラ・テイエール
ジロール茸のパスタ 97

holybelly 100
ホリーベリー
牛肉の春巻き ピーナッツソース 101
ブッラータチーズと赤キヌアのサラダ
　バジルドレッシング 104

Chez Vous 106
シェ・ヴ
赤ピーマンのファルス シェーブルチーズ詰め 107
マッシュルームのクリームスープ 揚げ卵のせ 110
エビのゴマハチミツ焼きとサフランライス 112

La Tartine 114
ラ・タルティーヌ
オーベルニュ風 シューファルス 115
ドフィノワ風 ポテトグラタン 117

monsieur. 118
ムシュ
ホタテ貝とクリームソースのリゾット
　ハモン・セラーノ添え 119
コンテチーズクリームと卵のパルフェ 121

Ba ta clan café 122
バタクラン・カフェ
シブレットのサーモンソテー スイバクリーム添え 123
鮭缶のトマト・ファルス 125

Café Column カフェ・コラム
1　メニュー選びは黒板もチェック 12
2　カフェで気軽にステーキ・タルタル 18
3　パリで大人気のヘルシー食材　雑穀、豆、シード類 19
4　フランス人の主食は、やっぱりパン！ 25
5　フランス人のワインの知識はソムリエ並み 33
6　ワインのおつまみにおすすめ　シャルキュトリ 35
7　日替わりランチメニューの見方 46
8　テリーヌ、パテの違い 56
9　料理をシェアしたいときは？ 67
10　「ギャルソン」ではなく「ムシュ」と呼ぼう！ 72
11　スイーツを楽しむカフェの午後 73
12　支払いはテーブルでムシュに 86
13　一品メニューの見方 98
14　フランスの実物野菜はビッグサイズ！ 99
15　カフェでコーヒーといえばエスプレッソ 103
16　フランスはチーズ天国 109
17　カフェはテラス席がだんぜん人気！ 124
18　フランス主婦のご用達、キッチン道具＆スパイス専門店
　　「ラ・ボヴィダ（LA BOVIDA）」 126

パリの食材を日本で探す！
輸入食材通販オンラインショップ一覧 127

本書のきまり
○大さじ1は15㎖、小さじ1は5㎖です。
○適量＝適当な量を入れる意味です。味をととのえるときなど、お好みに合わせて調節してください。
○適宜＝あればご用意いただきたい食材です。なくても大丈夫です。
○こしょうは特に表記のないかぎり、黒、白、どちらでもかまいません。
○固形コンソメスープの素は1個（12g）に対し500㎖の水に溶かすものを使用しています。お使いの固形コンソメスープの素のパッケージの表示に合わせて適宜濃度を調節してください。
○炒めるときにフライパンに入れるオイルの量や、ゆでるとき、蒸すときの水の量は、食材や調理道具の大きさによって加減してください。
○オーブンは、表記の温度にあらかじめ予熱しておきます。機種によって焼き時間に差が出ますので、レシピの表記した時間を目安に、様子を見ながら調節してください。
○本書はすべてフランスで取材し現地での作り方を紹介していますが、日本で作ることを前提に、食材や調理方法を一部変えて紹介している部分があります。また、同じ名前の食材でも日本のものとは異なったり、湿度や気温の関係で分量や火加減に誤差が生じたりする場合がありますので、ご了承ください。

Cantine merci
メルシー・カンチーヌ

家具や雑貨、服のセレクトショップが入った建物の地下にあります。収益の一部をマダガスカルの子供に寄付しています。

その日仕入れた果物やフルーツも店内のディスプレーとして置かれています。

パリの流行最先端のオーガニックフード

パリで最も注目されているライフスタイルショップの中にあります。店名にあえて"Cantine（食堂）"と親近感をもたせる言葉をつけ、人の温かさと手作りのやさしさを追求しています。有機栽培の野菜や雑穀などを中心にしたメニューは、サラダ、スープ、デザートなど約20品で、ほとんどが日替わりです。その一品一品は、見た目の美しさもさることながら、食材の旨みを十分にいかした味つけで、食べること、健康であることの喜びを感じさせてくれるものばかりです。店長のシルビーさんに、女性におすすめの4品をご紹介いただきました。

ブックカフェも併設されています

クリエーターやジャーナリスト、ファッション関係者の間で話題になったことから、一気に人気が広がりました。

Access
111 Bd. Beaumarchais Paris 3
電話：01 42 77 79 28
営業：月曜〜金曜 12時〜15時30分
土曜 12時〜16時
（メルシーのショップは10時〜19時）
メトロ：8番線 Saint Sébastien Froissart下車
http://www.merci-merci.com
（日本語ページあり）

店長のシルビーさん。

※タルトの作り方はP.82でご紹介しています。

Salade de riz noir et Salade de pois chiches
黒米のサラダとひよこ豆のサラダ

カウンター（コントワール）に並ぶ6種類の日替わりサラダの中から、
特に人気の高い、「黒米のサラダ」と「ひよこ豆のサラダ」をご紹介します。
野菜がたっぷりなうえ、軽食にもなります。それぞれ自家製ドレッシングでいただきます。

黒米のサラダとひよこ豆のサラダ

材料（2人分）
ひよこ豆…100g
黒米…50g
そら豆…100g
ブロッコリー…1/4個
ズッキーニ（緑、黄）…各1/2本
ラディッシュ…10〜12個
お好みのベビーリーフ…20g
※写真はスベリヒユのベビーリーフ
ヴィネグレットソース…適量
※市販のイタリアンドレッシングでも可
　作る場合は下記参照
しょうゆドレッシング…適量
※市販の和風ドレッシングでも可
　作る場合は下記参照
ウコンパウダー…適量

下準備
○ひよこ豆を一晩水（分量外）に浸して戻す。

作り方
1　鍋に一晩浸したひよこ豆を水ごと移し強火にかけ、沸騰したら弱火で約30分煮る。煮えたらザルにあげて水気を切る。
2　鍋に水（分量外）をたっぷり入れ強火にかけ、沸騰したら黒米を入れる。火を弱火にして約20分煮てから、ザルにあげて水気を切る。
3　野菜を準備する。そら豆はさやから出して塩ゆでし、冷めたら皮をむく。ブロッコリーは小さめの小房に切ってかために塩ゆでし、冷水にさらしてから水気を切る。ズッキーニは両端のヘタをとってから、斜めに薄く切る。ラディッシュは薄く輪切りにする。ベビーリーフはさっと洗って水気を切っておく。
4　ボウルに、1のひよこ豆、3のズッキーニ、ベビーリーフを入れ、ヴィネグレットソースであえる。
5　別のボウルに2の黒米、3のそら豆、ブロッコリー、ラディッシュを入れ、しょうゆドレッシングであえる。
6　4と5を一皿に半分ずつ盛りつけ、ウコンパウダーを全体にふる。

ヴィネグレットソース

材料（2人分）
ワインビネガー…大さじ1
塩、こしょう…各適量
オリーブオイル…大さじ3

作り方
1　ボウルにワインビネガー、塩、こしょうを入れ、泡立て器で軽く混ぜる。
2　分離しないようにオリーブオイルを少しずつ入れる。泡立て器でしっかりと混ぜ、乳化させる。

しょうゆドレッシング

材料（2人分）
しょうゆ…小さじ2
酢…大さじ1
オリーブオイル…大さじ3

作り方
ボウルにしょうゆと酢を入れ泡立て器で軽く混ぜ、さらにオリーブオイルを少しずつ入れながらしっかり混ぜる。

 Secret recipe 秘密のレシピ

ズッキーニは少しでも古くなると苦みが出るので、サラダにするときは、新鮮なものを使ってください。

Soupe verte
緑のスープ

野菜が主役の日替わりスープの中から、キュウリとアボカドの冷製スープをご紹介します。スープストック(出汁)を使っておらず、野菜の味をそのまま味わえます。体の中から潤してくれるので、朝食の代わりや食欲のない日にもおすすめです。

材料（2人分）
キュウリ…4本
アボカド…2個
水、塩、粗びきこしょう…各適量
ミント…2本

作り方
1 キュウリは両端のヘタをとってから粗いみじん切りにし、アボカドは皮をむいて種をとる。
2 ミキサーに1を入れペースト状にし、水を少しずつ入れ好みの濃度にしてから塩で味をととのえる。
3 キュウリのカスが気になるようならこし器などで裏ごしをする。
4 器に入れ、粗びきこしょうをふってミントの葉を飾る。

Secret recipe　　秘密のレシピ

さっぱりしたいときには、水ではなく小さな角氷15〜20個で作ると、さらにひんやりとしておいしくいただけます。

Galette de quinoa
キヌアのガレット

栄養価が高く美容にもよいことから、スーパーフードとして日本で話題のキヌアは、パリでも大人気の穀物です。そのキヌアにチーズや野菜を混ぜてガレットを作りました。香ばしく焼いたキヌアの香りとパルミジャーノチーズの風味が口の中に広がり、ひまわりの種のカリッとした食感がアクセントになります。

材料（2人分）

- キヌア…60g
- 水…120㎖
- ルッコラ…100g（15〜16株）
- A
  - パルミジャーノチーズ（すりおろしたもの）…20g
  - 豆乳…40㎖
  - オリーブオイル…大さじ2
  - 米粉…大さじ2
  - ひまわりの種…大さじ1
  - ※松の実で代用可
- 塩、こしょう…各適量
- オリーブオイル…適量
- お好みのドレッシング…適宜

作り方

1. キヌアを炊く。鍋に水を入れて強火にかけ、沸騰したらキヌアを入れて弱火にする。ふたをして約20分炊き、炊き上がる前に水がなくなったら適量を足す（分量外）。その後ふたをしたまま10〜15分蒸らす。
2. ルッコラは洗って根元を切り、飾りの2株は3〜4cmの長さに、残りは1cm程度に小さく切る。
3. ボウルに1と小さく切ったルッコラ、Aを加えて混ぜ、塩、こしょうで味をととのえてから手で丸く成形する（セルクルを使ってもよい）。
4. フライパンにオリーブオイルを熱し、3を並べ、両面が色づくまで焼く。
5. 皿に飾り用ルッコラ、4を盛りつけ、お好みのドレッシングを添える。

Café Column 1
メニュー選びは黒板もチェック

メルシー・カンチーヌをはじめ、多くのカフェは、黒板に日替わりメニューやセットメニューを書き出しています。店内やテラス席から見える位置に置いてあるので確認しましょう。

Secret recipe
秘密のレシピ

塩をしょうゆ小さじ1に代えると、しょうゆが香ばしい味わいのガレットになります。お好みで、ガレットにドレッシングをつけるとサラダ感覚になってさっぱりといただけます。

コントワールサラダは毎日日替わりで6種類。10.50ユーロで好きなものを3種類選べ、15.50ユーロで6種類全部いただくことができます。

メルシーは、流行を発信するコンセプトストアーとして、おしゃれなパリっ子の巡礼地。最近では来店客の4割ほどが日本人というほど、日本でも人気のショップです。

Le Pain Quotidien
ル・パン・コティディアン

女性が一人でも入りやすい開放的な雰囲気も人気の理由です。日本にも店舗があります。

おいしいタルティーヌで最高の朝食を

パンをはじめ手作りジャムやソース類、調味料などのショップも併設されています。

店内の壁には、「タルティーヌの食べ方」をイラストで楽しく解説した看板が！

「ル・パン・コティディアン」とは、日々のパンの意味。その名の通り、自家製有機パンのタルティーヌがおいしいことで有名なお店で、コーヒーと合わせてゆっくり朝食をとれば、最高にぜいたくな時間を味わえます。店で提供されるタルティーヌは約10種。ほかに温かい料理やサラダ、前菜、ワインやビール、日替わりのデトックスジュースなどもあります。体型が気になる女性たちに、絶大な支持を受ける野菜中心のメニューの中から、ポトフとタルティーヌのレシピを教えてもらいました。

Access
24 rue de Charonne
Paris 11
電話：01 48 06 72 04
営業：毎日オープン
8時〜20時
メトロ：8番線 Ledru Lollin下車
http://www.lepainquotidien.jp
（日本語ページあり）

※タルティーヌの作り方はP.24でご紹介しています。

Pot au feu de legumes Bio

有機野菜たっぷりピリ辛ポトフ

野菜の旨みを存分に味わえるピリ辛スープは、
体にやさしくビタミンもしっかりとれるヘルシーメニューです。
栄養満点のキヌアが野菜の旨みを吸って、食べごたえ十分の一品に。

Le Pain Quotidien

野菜たっぷりピリ辛ポトフ

材料（2人分）

- 赤ピーマン…1/2個
- ニンジン…1/2本
- ズッキーニ…1/2本
- たまねぎ…1/2個
- トマト…1/2個
- カボチャ…1/8個
- フェンネル…1/2本
- コリアンダー…2〜3本
- オリーブオイル…大さじ2
- ハリサ ※レッドペッパーでも代用可
- こしょう…各適量
- 水…750mℓ
- 野菜のコンソメスープの素…1.5個（18g）
- ※ここでは1個12gのものを使用
- キヌア…100g
- ※クスクスでも代用可
- クミン…小さじ1/2
- 塩…適宜
- イタリアンパセリ…2本

作り方

1. 赤ピーマンはヘタと種をとる。ニンジンは皮をむきヘタをとり、ズッキーニはヘタをとる。たまねぎは皮をむく。トマトは皮を湯むきする。カボチャは種をとり除く。これらの野菜をすべて一口大に切る。フェンネルとコリアンダーはみじん切りにする。
2. 鍋にオリーブオイルを熱し、強火でトマト以外の野菜とハーブをさっと炒め、ハリサ、こしょうで味つけする。
3. 別の深鍋に水を入れて沸騰したら、スープの素を入れて溶かし、2とキヌア、クミンを入れ、中火で約20分煮る。その後、トマトも入れ、味が薄ければ塩で味をととのえる。
4. スープ皿に盛りつけ、イタリアンパセリをちぎって入れる。

Point　味わい深い香辛料「ハリサ」

「ハリサ」は、クスクス料理などアラビア料理の辛みづけに使う香辛料です。トウガラシににんにく、コリアンダー、キャラウェイなどを混ぜたペーストで、少量で辛みとともににんにくや、ハーブの豊かな風味をつけることができます。

Café Column 2　カフェで気軽にステーキ・タルタル

パリのレストランやカフェでは定番メニューの一つで、生の牛肉をたたいてひき肉状にした料理です。ウクライナに滞在したフランス人地図制作技師ギョーム・ルヴァスール・ド・ボプランが、17世紀の初頭にステーキ・タルタルをフランスに持ち込んだといわれています。その後、有名な小説にとり上げられたことでフランス人の間で大流行し、定番になりました。現在もなお、元気を出したいときにいただく料理です。新鮮な牛肉に黄卵、パセリのみじん切りなどを混ぜるのが基本ですが、各店によって工夫を凝らして、独自の味に仕上げています。

「ル・パン・コティディアン」のステーキ・タルタルは、パンの上に塩、こしょうで味つけした牛ひき肉をのせ、パルミジャーノチーズとルッコラをトッピングし、ジェノベーゼソース、レモン汁をかけていただきます。

Café Column 3　パリで大人気のヘルシー食材　雑穀、豆、シード類

1 ひまわりの種
乾煎りしてサラダのトッピングにしたり、ミキサーにかけて砕きドレッシングやスープに入れたりします。

2 キヌア
炊いて、野菜とドレッシングであえてサラダにするのが定番ですが、野菜と炒め物にしたり、シチューなどの煮込み料理に入れたりもします。冬はスープの具にもなります。

3 スペルト小麦
キヌアと使い方はほぼ同様です。キヌアよりも粒が大きく食べごたえがあります。サラダやリゾット、シチューなどの煮込み料理にも合います。また粉状にしたスペルト小麦粉は、普通の小麦粉のようにパスタやパンにできます。

4 ひよこ豆
一晩水に浸けてから塩を入れずにゆで、サラダ、野菜の煮物、冬はスープの具として利用します。豆をつぶしてペースト状にした中近東の料理「Houmous(フムス)」はフランス人が特に好きな前菜です。

5 かぼちゃの種
ひまわりの種と使い方はほぼ同様です。乾煎りしてサラダのトッピングに、砕いてドレッシングやスープに。お菓子にも使われます。

6 レンズ豆
やわらかくゆでてサラダに混ぜたり、じゃがいもの代わりにソーセージや豚肉料理に添えたりします。冬はミキサーにかけてペースト状にしたスープも人気です。鉄分が多いので、貧血になりがちなダイエット中の女性には特に好まれています。

パリでは老若男女を問わず、健康志向が高まっています。そんな客層をねらってヘルシーをうたうカフェも多く、雑穀や各種健康食材を使ったバリエーション豊かなメニューを提供してくれています。食材としてよく使われているのは、黒米、玄米、ブルグール(P.61)、そば、クスクス、大麦、ライ麦、燕麦など。数年前まですっかり忘れられた存在だった殻つきの小麦の一種、スペルト小麦(エポートル小麦とも)やキヌアも、見事に復活を果たしました。また豆類、シード類はひよこ豆やレンズ豆、ひまわりの種をはじめ、白ゴマ、黒ゴマなど日本でもおなじみの食材が人気です。

Sandwiches et Tartines

サンドイッチと タルティーヌで 気軽にカフェ気分

カフェの基本メニュー、サンドイッチとタルティーヌのレシピをご紹介します。サンドイッチはご存知のとおりパンに具材をはさんだり、具をのせていただくもの。タルティーヌは、「ぬる」という意味で、パンの上にペーストやジャムなどをぬっていただくものです。フランスはパンの種類が豊富で、合わせる具材も決まりはなく、毎日食べてもけっして飽きません。パンが湿気を帯びてしまうとおいしさが半減するので、食べたいと思ったときにさっと作るのがいちばんのコツです。

Sandwich parisien

 キュイソン(P.36)の**サンドイッチ・パリジャン**

パリジャン・パリジェンヌのだれもが愛するサンドイッチレシピです。ゆで卵とハムの王道の組み合わせですが、卵のゆで加減、バターやマスタードの量はお好みで。お気に入りのパンで楽しみましょう。

材料
（2人分・バゲット約30cm分）
卵…2個
バゲット…約30cm
バター、マスタード…各適量
ハム…4枚
こしょう…適量

下準備
○卵は常温に戻しておく。

作り方
1 深鍋に水（分量外）をたっぷり入れ、卵をそっと入れる。強火にかけ沸騰したら中火にして8〜10分（半熟にしたい方は4〜5分）ゆでる。その後すぐに冷たい水の中に入れて冷やし、殻をむいて輪切りにする。

2 バゲットの長さを1/2にして、さらにヨコから切り開き、片面にバターを、もう片面にマスタードをぬる。

3 2にハム、卵の順にのせ、こしょうをふる。

Sandwich de Coppa d' Aveyron

レピスリー・
サン・サバン（P.34）の

コッパハムと
チーズの
サンドイッチ

具材にちょっとこだわったサンドイッチです。豚の首肉を3カ月以上熟成させて作ったアヴェロン産のコッパハム。チーズはラギオール産セミ・ハードタイプのラギオールチーズで、どちらもフランス南部ミディ・ピレネ地方のものです。2つの芳醇な味わいのハーモニーは白ワインと一緒にいただくと、ちょっとぜいたくな気分になれます。

材料（2人分・バゲット約30cm分）

コッパハム…8枚
※一般的な生ハムで代用可
ラギオールチーズ（薄くスライスしたもの）…6枚
※ゴーダチーズなど、お好みのセミ・ハードチーズで代用可
ミニトマト…1/2個
キュウリ…1〜2cm
シブレット（チャイブ）…6〜8本
バゲット…約30cm
バター…適量

作り方

1 コッパハム、ラギオールチーズはバゲットの大きさに合わせて切る。ミニトマトはヘタをとって薄切りにする。キュウリは薄く切り、シブレットはみじん切りにする。

2 バゲットの長さを1/2にしてからヨコから切り開き、切った面にバターをぬり、コッパハム、ラギオールチーズをのせ、ミニトマト、キュウリを交互に並べる。いちばん上にシブレットのみじん切りをふりかける。

Sandwich végétarien

 フォルクス・アンド・スパロース(P.30)の
サンドイッチ・ヴェジタリアン

見た目も美しく、ヘルシーで栄養満点の野菜のサンドイッチです。ボリュームのある野菜、そして濃厚なアボカドも入っているので満足度は十分です。バターは使っていません。食べる直前にお好みのドレッシングをさっとかけていただきましょう。

材料
（2人分・バゲット約30cm分）

- アボカド…1個
- レモンのしぼり汁…小さじ2
- 塩、こしょう…各適量
- ニンジン…1/2本
- ズッキーニ…1/2本
- キュウリ…2cm
- ミニトマト…4個
- バゲット…約30cm
- ミントの葉…8枚
- イタリアンパセリ…2本
- お好みのドレッシング…適量

作り方

1 アボカドは皮をむき、種をとる。ボウルに入れフォークでつぶしてレモンのしぼり汁を加え、ペースト状にし、塩、こしょうで味をととのえる。

2 ニンジンはヘタをとり皮をむいてから、ズッキーニは皮をむきヘタをとり、種の部分をとり除いてから薄く短冊切りにする。キュウリは皮をむいて薄く輪切りに、ミニトマトはヘタをとって半分に切る。

3 バゲットの長さを1/2にしてからヨコから切り開き、1のペーストを飾り用に少し残して下側の片面にぬる。

4 3の上に2のニンジン、ズッキーニ、キュウリ、ミニトマト、飾り用のアボカドペーストをのせ、ミントとイタリアンパセリの葉をちぎって飾る。

5 お好みのドレッシングをかけていただく。

Tartine de purée d'avocat et de gomasio

 ル・パン・コティディアン(P.16)の
アボカドペーストとゴマ塩のタルティーヌ

アボカドペーストをたっぷりぬっていただくタルティーヌです。アボカドの濃厚な味に白ゴマペーストを混ぜることでコクと風味が加わります。このペーストは、パンにぬるだけでなく、ディップとして野菜やゆでたじゃがいもに添えてもよく合います。

材料(2人分・
厚み1cm×直径20cmを2切れ)

アボカド…4個
A │ レモンのしぼり汁…大さじ2
  │ 白ゴマペースト…大さじ1/2
パン・ド・カンパーニュ
(P.25参照)…2切れ
白ゴマ塩…小さじ2
黒ゴマ…小さじ1
レモンのくし形切り…2個

作り方

1 アボカドは皮をむき種をとる。1/2個分は飾り用に残し、残りの果肉とAをフードプロセッサーにかけてクリーム状にする。

2 パン・ド・カンパーニュを軽くトーストする。

3 2に1のアボカドペーストをたっぷりぬる。

4 1で残しておいたアボカドの果肉を薄く切って3の上に飾り、白ゴマ塩、黒ゴマをふり、レモンのくし形切りを添える。

Café Column 4 **フランス人の主食は、やっぱりパン!**

パンはフランス人の主食。その中で最もポピュラーなバゲットの値段は、かつては国が価格統制をしていました。それが廃止された現在も、バゲットだけはほかのパンよりも格安の値段がつけられており、1本がだいたい90サンチーム(100サンチーム=1ユーロ)、日本円で130円程度です。最近はホームベーカリーが普及していますが、70〜80cmのバゲットが焼けるものはまだないので、毎日、お気に入りのパン屋さんで焼きたてバゲットを買うのが、今でもフランス人の日課です。

1 パン・ド・カンパーニュ
バゲットよりも日持ちするのが特徴。布に包んでおけば5日間はもつので、トーストして食べるのが好きな人におすすめです。中身が詰まっていて粉の味がしっかりしているもの、軽めにふわりとした食感に仕上げているもの、精白をしていない全粒粉を使用したものなど、味や食感は店によっていろいろです。

2 ハンバーガーバンズ
日本のコッペパンよりも弾力があり歯ごたえがあるのが特徴です。中身はしっかり詰まっていますが、やわらかさもあります。精白した小麦粉を使っているので、味にクセがなく、はさむ具材を引き立てます。

3 バゲット
右の芥子のバゲットもそうですが、バゲットは基本的に日持ちせず一日でかたくなります。ハンバーガーバンズと同様に、精白した小麦粉を使用しているのでクセがない味で、周りはかたくパリッとしていますが、中は歯ごたえを残しながらもやわらかいのが特徴です。かたくなったら、フレンチトーストにしていただくか、クルトンやパン粉にします。

4 芥子のバゲット
基本のバゲットに、芥子の実がたっぷりついたもの。香ばしい味わいがあります。

Blend
ブレンド

パリのハンバーガー人気を仕掛けたお店

意外かもしれませんが、パリにはここ数年ハンバーガーブームが訪れています。その流行の発信源の一つが、ここ「ブレンド」です。人気の秘密はパリの有名牛肉熟成師から仕入れているやわらかくてジューシーな牛肉、そして自家製のパンやソースなどこだわりのオリジナルレシピ。そのレシピを一冊にまとめた本がフランスで出版されたばかりで、ハンバーガー人気は当分とどまることはなさそうです。ハンバーガーは全10種。豆腐や野菜をふんだんに使ったヘルシーなものもあります。また、サイドメニューに最近加わったさつまいものフレンチフライもパリっ子には新鮮な味で、評判になっています。

モノトーンで統一したシックな外観と内装に仕上げています。

レシピ本はパリの書店に並んでいます！

Access

1 Bd. des Filles du Calvaire Paris 3
電話：01 44 78 28 93
営業：毎日オープン 12時〜23時
メトロ：8番線
St- Sébastien Froissart 下車
http://blendhamburger.com

ポテトフライはケチャップソースで、さつまいもフライはタルタルソースでいただきます。

Hamburger aux herbes

ハーブ・ハンバーガー
ハチミツ入りマスタードソース

風味豊かでさわやかなマスタードソースと、
エルブ・ド・プロバンス風味のシェーブルチーズが、
ジューシーなパティをさわやかで上品な味わいに。
味の決め手は、マスタード。次ページで紹介している
フランス製のものが手に入ったら
ぜひ、試してみてください。

ハーブ・ハンバーガー ハチミツ入りマスタードソース

材料（2人分）
牛ひき肉…250g
塩…適量
オリーブオイル…適量
シェーブルチーズ（ヤギのチーズ）…60g
エルブ・ド・プロバンス
（タイム、セージ、フェンネル、ローレル、
ローズマリーなどを乾燥させてミックスしたハーブ）
　…小さじ1
ハンバーガーバンズ…2個
ハチミツ入りマスタードソース…適量
※作り方は下記参照

下準備
○下記を参照し、ハチミツ入りマスタードソースを作っておく。

ハチミツ入りマスタードソース

材料（作りやすい分量）
生クリーム…100㎖
ライムのしぼり汁、レモンのしぼり汁
　…各大さじ1
粒マスタード、ディジョンマスタード
（あれば）、ハチミツ…各大さじ1.5
クミンシード…小さじ1/3
塩、こしょう…各適量

作り方
1 生クリームをかたく角が立つくらい（8分立て）に泡立てる。
2 1にライムとレモンのしぼり汁、2種類のマスタード、ハチミツ、クミンシード、塩、こしょうを加えてしっかり混ぜる。
3 2を冷蔵庫に入れて約1時間冷やす。
※残ったソースは、生野菜や温野菜にかけるとおいしくいただけます。

作り方
1 パティを作る。牛ひき肉に塩を適量入れてから粘りが出るまでよく混ぜる。さらに2等分にし、厚さは1cm、バンズよりも一回り大きい程度に成形する。両手でキャッチボールを繰り返して空気をしっかり抜いておく。

2 フライパンにオリーブオイルを強火で熱し、1を焼く。表面に焦げ目をつけたら中火にしてそのまま約3分焼く。ひっくり返し、上になった面に2等分にしたシェーブルチーズをそれぞれのせて再び強火で焼く。パティの表面に焦げ目がついたら中火にして約3分程度、フライパンにふたをして肉の中までしっかり火が通るまで焼く。

3 2を皿に移し、エルブ・ド・プロバンスを半量ずつチーズの上にふる。

4 ハンバーガーバンズを半分に切ってから、オーブントースターで切った面を上にして約2分間焼く。

5 4の上半分のバンズにハチミツ入りマスタードソースをぬる。

6 下半分のバンズに3をのせ、5をかぶせる。

 Secret recipe　　秘密のレシピ

ハチミツ入りマスタードソースの、ハチミツとマスタードの配合は、お好みで調節してください。甘めが苦手な方は、ハチミツなしでもOKです。

Point　フランス料理に欠かせない2種類のマスタード

ここで使っているマスタードは、フランスの「ディジョン・マスタード」と、「粒マスタード・アンシェンヌ」です。どちらも風味が豊かで、サンドイッチ用のパンにぬったり、ソースの材料としてフランス家庭でよく使われているものです。日本でも大型輸入食材店などで販売されています。

Signature

ブルーチーズ・ハンバーガー たまねぎのバルサミコ酢煮

P.28の「ハーブ・ハンバーガー ハチミツ入りマスタードソース」の、シェーブルチーズをブルーチーズに、ソースをあめ色に煮詰めたたまねぎに代えます。こってりとしたソースとクセのあるブルーチーズは、牛ひき肉との相性がばつぐん。赤ワインにも合う濃厚な味わいです。

材料（2人分）
牛ひき肉…250g　塩…適量
オリーブオイル…適量
ブルーチーズ…60g
ハンバーガーバンズ…2個
サラダほうれん草…4株
たまねぎのバルサミコ酢煮…適量
※作り方は下記参照

下準備
○たまねぎのバルサミコ酢煮を作っておく。

たまねぎのバルサミコ酢煮

材料（作りやすい分量）
たまねぎ…2個
バター…大さじ1/2
砂糖…大さじ1/2
バルサミコ酢…20ml

作り方
1 たまねぎは薄切りにする。
2 鍋にバターを入れて、強火にし、1を約5分炒める。
3 2に砂糖を加えてさらに2〜3分たまねぎがあめ色になるまで炒める。
4 3にバルサミコ酢を注いで、鍋底にこびりついた旨み成分をこそげ落とす。その後、弱火にして20分煮る。

作り方
1 P.28の1〜2まで同様に作るが、シェーブルチーズはブルーチーズに代える。
2 サラダほうれん草を2〜3等分に切る。
3 ハンバーガーバンズを半分に切ってから、オーブントースターで切った面を上にして約2分間焼く。
4 下半分のバンズにパティをのせ、サラダほうれん草をのせてから、たまねぎのバルサミコ酢煮をのせ、上半分のバンズをかぶせる。

 Secret recipe　秘密のレシピ

ブルーチーズはお好みのものをお使いください。お店では、しっかりと熟成されたオーベルニュ地方のものを使用しています。

Folks and Sparrows
フォルクス・アンド・スパロース

パリの街で味わう
ブルックリン風
米仏融合の
新感覚サンドイッチ

「サンドイッチはシンプルなだけに、パンと食材の質が勝負です」と店長のカンタンさん。オーナーはアメリカのブルックリンに10年間暮らした際に、サンドイッチの奥深い味わいに開眼し、この店をオープンしました。野菜をメインにしたものや、燻製マグロを使ったものなど、サンドイッチといえばハムやチーズが定番だったパリの伝統に新しい息吹をもたらしています。そんなカンタンさん自慢のサンドイッチレシピをご紹介します。

サンドイッチは毎日10種類で、仕入れる食材によって具が替わり常連客を飽きさせません。

「sparrow（雀）」の絵が描かれた看板が目印です

ラッピングがシンプルでチャーミング

20席の小さい店で、とてもくつろげます。カンタンさんが一人で店を切り盛りしています。

Access
14 rue Saint Sébastien Paris 11
電話：09 81 45 90 99
営業：火曜～日曜オープン
10時～18時
メトロ：8番線
Saint-Sébastien Froissart下車
http://www.facebook.com/folksandsparrows

※サンドイッチの作り方はP.23でご紹介しています。

Hamburger au Thon fumé

燻製マグロのハンバーガー

時間をかけてじっくり燻製したマグロには、
ソテーや刺身とはひと味違う独特のおいしさがあります。
ちょっと手間はかかりますが、手作りする場合は2日前から準備をしましょう。
燻製時間やチップを変えればお好みの味を楽しめます。
少しクセのあるコリアンダーやミントを添えて味のアクセントに。

燻製マグロのハンバーガー

材料（2人分）

- マグロの燻製…約2mm厚を6切れ
  ※市販のもの。手作りする場合は下記参照
- コリアンダー…2〜3本
- ミントの葉…2〜3枚
- シブレット（チャイブ）…4〜6本
- キュウリのピクルス…2本
- グリーンオリーブ…4個
- ハンバーガーバンズ…2個
- クリームチーズ…大さじ4
- キュウリの輪切り…10枚
- レモンのしぼり汁…小さじ2
- ズッキーニのスライス…10〜12枚
- フロマージュ・ブラン…大さじ2
  ※リコッタチーズでも代用可
- 塩、こしょう…各適量

作り方

1. マグロの燻製はやわらかくするために、まな板の上で麺棒などを使い軽くたたいてのばす。
2. コリアンダー、ミントの葉は約1cmに切り、シブレットはみじん切りにする。
3. キュウリのピクルスは薄く半月切りにし、グリーンオリーブは半分に切る。
4. ハンバーガーバンズを半分に切り、切った面にクリームチーズをぬる。
5. 下半分のバンズに、キュウリの輪切り、マグロの燻製をのせ、レモンのしぼり汁をさっとかける。さらにズッキーニ、キュウリのピクルス、グリーンオリーブ、フロマージュ・ブランをのせ、塩、こしょうをする。
6. 2をちらして上半分のバンズをかぶせる。

マグロの燻製

材料（作りやすい分量）

- A
  - 塩…30g
  - 砂糖…10g
  - ローリエ…1枚
  - 水…300ml
  - 白ワイン…10ml
- マグロの赤身（さく）…100g
- オリーブオイル…適量

作り方

1. Aの材料を鍋に入れ、一煮立ちさせてから冷ます。
2. 1をジッパーつきフリーザーバッグに入れ、マグロの赤身を入れる。しっかり密閉して冷蔵室に入れ、一晩漬ける。
3. 2の液を捨て、流水で1時間程度塩抜きし、キッチンペーパーで水気をとる。
4. 新しいキッチンペーパーに包み、冷蔵室に入れて3〜4時間乾燥させる。
5. 4のマグロの表面にオリーブオイルをぬり、燻製鍋に入れ、サクラ、ヒッコリーなど、好みのチップで15分ほどスモークする。
6. 粗熱がとれたら、キッチンペーパーに包んで冷蔵室に入れ、さらに一晩寝かせる。

 Secret recipe 秘密のレシピ

マグロの燻製をおいしく作るコツは、新鮮な赤身マグロとおいしい塩を使うことです。Aの液の中に、ディルなど魚に合うハーブを入れてもよいでしょう。

 Point 家庭のコンロで手軽に燻製料理

写真は美濃焼製で直径約23cm。肉やチーズ、卵などでもおいしい燻製ができます。

SOTO
スモークポット
ST-126BW／
新富士バーナー

Café Column 5　フランス人のワインの知識はソムリエ並み

フランスでは18歳でお酒が解禁になり、ワインとともに食事をとるようになります。夕食だけでなく、昼食でもワインをいただくのはごく普通のこと。日々ワインの味と銘柄の勉強をしているようなものなので、ワイン好きともなれば、ソムリエ並みの知識を持っています。ですので、高級レストランや一部の有名なカフェ以外ソムリエはいません。カフェでは、オーナーやムッシュがソムリエのように知識が豊富で、料理に合ったワインのアドバイスをしてくれます。オーナーの出身地のワインなど、そのカフェならではのこだわりのワインに出会えますよ。

レピスリー・サン・サバン (P.34)

キュイソン (P.36)

(赤／白)のグラスワインを1杯お願いします。
Un verre de vin (rouge／blanc), s'il vous plaît.
アン・ヴェール・ド・ヴァン・(ルージュ／ブラン), シルヴプレ.

プロヴァンスの赤を1本お願いします。
Une bouteille de vin rouge de Provence, s'il vous plaît.
ユヌ・ブテイユ・ド・ヴァン・ルージュ・ド・プロヴァンス, シルヴプレ.

【濃さを指定したいときは】

私は(軽い)のが好きです。　(中くらい／コクがあり強い)
J'aime (bien) léger.　(moyen ／ corsé, fort)
ジェーム・(ビアン)・レジェ　　モワイヤン　　コルセ　フォー

【産地を指定したいとき】

| Bordeaux | Bourgogne | Provence | Languedoc-Rousillon | Alsace |
| ボルドー | ブルゴーニュ | プロヴァンス | ラングドック＝オシイヨン | アルザス |

| Jura | Côtes du Rhône | Loire | Corse |
| ジュラ | コート・デュ・ローヌ | ロワール | コルス(コルシカ島) |

L'épicerie Saint-Sabin

レピスリー・サン・サバン

有機ワインの試飲会を行うほか、コンサートなども企画しています。

シャルキュトリとおいしいワインを楽しむ店

ワイン好きやワインに関心のある方におすすめの店です。オーナーご夫妻は、フランス南西部のミディ・ピレネ地方出身で、この地方のおいしいシャルキュトリ（豚肉の加工食品）やチーズを直接仕入れ、厳選したワインとともに提供しています。ここに来たらまずは、待たずにすぐに出てくるシャルキュトリの盛り合わせをオーダーし、その日のおすすめワインで一杯やるのが定番です。シャルキュトリには必ずパンとバターがついてくるので、空腹の人は、パンとバターとともにいただきます。今回は、ご夫妻に、シャルキュトリのサンドイッチのレシピを教えていただきました。おいしいシャルキュトリサンドとワインで、パリジャン気分をたっぷり味わってください。

ワインと料理のマリアージュをお楽しみください

シャルキュトリやチーズのほかにも黒豚のソーセージ、厚いサーモンソテー、フォアグラなど一品料理などが豊富です。

Access

13 rue Saint-Sabin Paris 11
電話：09 67 29 89 33
営業：火曜〜木曜、土曜 11時〜20時
金曜 11時〜23時
メトロ：5番線 Bréguet Sabin下車
※バスティーユ駅を利用する場合は、1番出口
http://www.lepicerie-saint-sabin.com

※サンドイッチの作り方はP.22でご紹介しています。

Café Column 6 ワインのおつまみにおすすめ シャルキュトリ

奥のまな板左から、ラギオール産のソシソン(サラミ)、アヴェロン産のキャパ(ハムの1種)とチョリソー(50％オーベルニュ産牛肉、50％豚肉)、ビゴール産黒豚のベーコンと、同じ黒豚の胸肉から作ったベーコン、アンドゥイユ(豚の腸や胃で作ったソーセージ)、チーズと鴨の燻製、手前の黒い板の上にのっているのはすべて、レユニオン島沿岸で釣られたマグロで作った燻製マグロと新鮮なトマト。

レピスリー・サン・サバン(P.34)

シャルキュトリとは、一般に豚肉の加工品を指しますが、イノシシ肉、アヒル肉、牛肉も使います。ハム、パテ、ソシース(ソーセージ)、ソシソン(サラミ)、リエット(豚肉と背脂やラードを煮込んでペーストにしたもの)などもシャルキュトリの仲間で、健康志向の高まりからか最近ではマグロやサーモンの燻製も加わっています。

フランスではワインのお供に、サンドイッチの具に欠かせない食材で、カフェの多くが、すぐに出せるメニューとしてシャルキュトリの盛り合わせを用意しています。写真のように「プランシュ」というまな板や、「アルドワーズ」と呼ばれる、北フランスで屋根に使われる薄い黒い石板に盛り合わせるのが流行のスタイルです。

Cuissons
キュイソン

食いしん坊が経営する食いしん坊のための食堂

「キュイソン」とは、フランス語で「煮る、焼く」の意味です。さらに、店名にはCantine gourmande「食いしん坊の食堂」というキャッチフレーズがついています。電子レンジでインスタント料理を温めて食べる人が多くなってきた時代だからこそ、手間暇かけた手料理の味わいを大切にしたいと、自称「食いしん坊」の主人ペーターさんは言います。そんなペーターさんの見た目が美しく、味もおいしい自慢のレシピをご紹介。

ピンク色を基調にした店内には、1960年代の古い木の椅子が置かれ、やさしさを添えています。右側が主人のペーターさん。

ワイン通のペーターさんセレクトのワインを料理と一緒に！

テイクアウトのお弁当もバリエーション豊富です。パリ市内なら配達もしてくれます。

※サンドイッチの作り方はP.21でご紹介しています。

Access
65 rue de Saintonge Paris 3
電話：01 44 78 96 92
営業：月曜〜土曜 10時〜22時
メトロ：8番線
Filles du Calvaire下車
http://www.cuissons.fr

Dos de cabillaud vapeur, sauce vierge au basilic

たらの蒸し焼き バジルソース・ヴィエールジュ

「ヴィエールジュ」とは、処女、純粋の意味で、料理では火にかけない冷たいソース、つまりドレッシングのことをいいます。たら以外の白身魚やサーモンでもおいしくできます。市販のバジルソースよりもさっぱりした味わいで、魚そのものの旨みを引き立てます。

たらの蒸し焼き バジルソース・ヴィエールジュ

材料（2人分）
生たら(切り身・背の部分)…2切れ
ズッキーニ…200g
じゃがいも…200g
バジルソース…適量　※作り方は下記参照
アニスの葉、レモン…各適宜

下準備
○下記を参照し、バジルソースを作っておく。
○オーブンは190度に温めておく。

作り方
1. 蒸し器に水を入れ沸騰させ、たらを皿においで入れて約10分強火で蒸す。
2. ズッキーニは約5mmの輪切りにする。じゃがいもは皮をむいてから約5mmの輪切りにする。
3. 天板に2を交互に並べ、バジルソースの半量をかけ、オーブンで約1時間焼く。
4. 皿に残りのバジルソースを敷き、1を盛りつけて3を添える。お好みでアニスとレモンのくし形切りを飾る。

バジルソース

材料(作りやすい分量)
バジルの葉…約20枚
レモンのしぼり汁…大さじ2
オリーブオイル…100ml
塩、こしょう…各適量

作り方
バジルの葉をみじん切りにし、レモンのしぼり汁、オリーブオイルをミキサーにかけ、塩、こしょうで味をととのえる。

 Secret recipe 秘密のレシピ

魚は蒸しすぎると水分がなくなり身がかたくなってしまうので、蒸し時間に気をつけましょう。

Point　フランス土産にも喜ばれる究極の粗塩

最近、パリの高級レストランのテーブルにも置かれているのが、フランスで最上の粗塩と呼ばれる「フルール・ド・セル(塩の花)」です。フランスの南部の塩田で作られているものが多く、ミネラル分がたっぷりで、ほんのりとした甘さを感じさせる塩です。右ページの「マッシュルームのスープ」のように料理の途中の味つけにも使えますし、でき上がった料理の上にパラリとふりかけるだけで、味が引き立ちます。

Soupe de champignons
マッシュルームのスープ

キュイソンでは、季節ごとに変わるスープも自慢メニューの一つです。中でもフランスの家庭料理の代表ともいえるマッシュルームのスープは、秋にぜひ味わっていただきたい一品です。

材料(2人分)
マッシュルーム…500〜700g ※舞茸で代用可
エシャロット…50g ※たまねぎで代用可
にんにく…2片
オリーブオイル…大さじ2
粗塩…適量
※「フルール・ド・セル」(左ページ)がおすすめ
野菜のコンソメスープの素…1個(12g)
※ここでは1個12gのものを使用
水…500ml
パセリの葉…2本分
ナツメグ、こしょう…各適量
クルトン…適量
※作り方は下記参照。市販のものでも可

作り方
1 マッシュルームは薄切りに、エシャロットはみじん切りにする。にんにくは皮をむく。
2 深めの鍋にオリーブオイルを熱し、エシャロットを入れ、にんにく1片、粗塩を少々加え、材料から2cmぐらい上まで水(分量外)を注ぐ。ふたをして中火で約20分蒸し煮する。
3 2の鍋に野菜のコンソメスープの素と水を加え、さらに弱火で約45分煮る。
4 残りのにんにくとパセリの葉をみじん切りにする。
5 3と4(パセリは飾り用を少し残す)をミキサーにかけ、ナツメグ、こしょうなどのスパイスを味を見ながら加えてミキサーにかける。
6 スープ皿に盛ってクルトンと飾り用に残しておいたパセリを散らす。お好みで、先の細いスプーンなどにオリーブオイル(分量外)をとって、スープの上にまわしかける。

クルトン

材料
かたくなったパン…適量
オリーブオイル…適量

作り方
1 オーブンを150度に温めておく。
2 パンを1cm角に切る。
3 天板に2を重ならないように並べ、先の細いスプーンなどを使って、オリーブオイルをパン全体にふりかける。
4 パンがきつね色になるまで約10分焼く。

※多めに作って冷凍しておけば、サラダなどにも使えます。

 Secret recipe 秘密のレシピ

ナツメグ、こしょうを入れるときは入れすぎないように、味を見ながら少しずつ加えます。

Tatin d'aubergines
ナスのタタン

「タタン」とはひっくり返すの意味です。
ナスで具を包んで焼き、最後にひっくり返して盛りつけます。
フランスのナスは日本のものよりも長いので、
長ナスを使っても長さが足りない場合は、重ね方を工夫してみてください。
ズッキーニをタテに薄切りにして代用することもできます。

材料（2人分）
ナス（長さ約25cm）…1個
※ズッキーニで代用可
塩、こしょう…各適量
にんにく…1片
モッツァレッラチーズ…160g
トマトソース…160g
※作り方は下記参照。市販のものでも可
オリーブオイル…小さじ2
黒こしょう…適量
パルミジャーノチーズ…20g（適宜）
バジルの葉…6枚（適宜）

下準備
○下記を参照してトマトソースを作っておく。
○オーブンを150度に温めておく。

トマトソース

材料（作りやすい分量）
イタリアントマト（中）…10個
※普通のトマトでも可
にんにく…2片
エシャロット…2個
※たまねぎで代用可。その場合は1個
オリーブオイル…小さじ1
砂糖、塩、こしょう…各適量

作り方
1 イタリアントマトは湯むきしてから小さめの角切りにする。
2 にんにくはすりおろし、エシャロットはみじん切りにする。
3 フライパンを熱しオリーブオイル、1、2を入れ弱火で約1時間煮る。最後に砂糖、塩、こしょうで味をととのえる。
※余ったトマトソースはパスタのソースとしても使えます。

作り方
1 ナスの皮をむき、タテに3mmの厚さに切り、水に10分程度浸けアクをとってから塩、こしょうで下味をつける。
2 1の両面にオリーブオイル（分量外）を料理用ハケで少しぬり天板に並べ、温めておいたオーブンで15〜20分焼く。
3 2をオーブンからとり出し、丸形のグラタン皿にナスを敷き詰める。ナスでふたができるように、半分ぐらい皿より出して敷くのがポイント。
4 オーブンを200度に温める。
5 にんにくをみじん切りにし、モッツァレッラチーズは1口大程度の大きさに切る。
6 3にトマトソース、5を入れ、オリーブオイルをまわしかけ、ナスのはみ出た部分でふたをする。オーブンで8分焼く。
7 グラタン皿から出して、ひっくり返し皿に盛りつける。オリーブオイル（分量外）をまわしかけ、黒こしょうをふる。お好みで、パルミジャーノチーズのスライス、バジルの葉のせん切りを添える。

Secret recipe 秘密のレシピ

ナスの焼き加減が味の決め手です。口に入れたときにナスがとろけるような焼き具合なら成功です。

Point グラタン皿はセルクルでも代用可

ここでは、写真のような深さのある丸形のグラタン皿を利用して作っていますが、セルクルでも代用できます。家庭では大きなグラタン皿を使ってとり分けるようにしても。

牛肉のタタキ

タタキ、テッパンヤキなど、多くの日本の料理名がフランスではそのまま使われています。
しょうが、しょうゆ、わさびもすでになじみの食材、調味料です。
和風ダレをしっかり肉にしみこませるため、
2日間漬け込んで仕上げたキュイソンの人気メニューです。

材料（2人分）
牛かたまり肉…400g
漬けダレ
|　しょうゆ…小さじ1
|　マスタード…大さじ2
|　レモンのしぼり汁…大さじ2
ブロッコリー…1/2個
サヤエンドウ…100g
グリーンピース…100g
グリーンアスパラ…4本
シブレット（チャイブ）…8本
ヘーゼルナッツオイル
　（はしばみオイル）…大さじ2
※オリーブオイルでも代用可
しょうが（すりおろしたもの）…小さじ1/2
塩、こしょう…各適量
白ゴマ、黒ゴマ…各適量

下準備
○牛かたまり肉を焼いて漬けダレに漬けておく。

1 オーブンは250度に温める。
2 フライパンにヘーゼルナッツオイル（分量外）を熱し、肉のかたまりのすべての面に焦げ目がつくように肉を返しながら強火で焼く。
3 2をオーブンに入れて、さらに外側が色づくようにときどき肉を返しながら約8分焼く。
4 ボウルに漬けダレの材料を入れて混ぜ、3を入れ、粗熱がとれたらラップフィルムでふたをして、冷蔵室で48時間漬け込む。肉が乾かないようにときどき漬けダレをかける。

作り方
1 ブロッコリーは小房に分け、サヤエンドウは筋をとる。
2 1とグリーンピースは、それぞれかためにに蒸し、蒸したあとすぐに氷水をかけて、キッチンペーパーなどで水気をとる。
3 グリーンアスパラは根元のかたい部分を切り、グリルなどで火が通るまで焼く。焼きあがったら3～4cmの長さに切る。
4 シブレット4本をみじん切りにする。
5 ヘーゼルナッツオイルにしょうが、塩、こしょうを入れて混ぜ味をととのえてからグリーンピースの半量、ブロッコリー、サヤエンドウ、グリーンアスパラと4をあえる。
6 漬けておいた肉を薄切りにする。
7 漬けダレと残りのグリーンピースをミキサーにかけ、さらに裏ごしして皮をとり除く。
8 5と6を皿に盛りつけ、7のソースを肉にかけ、白ゴマ、黒ゴマをふり、残りのシブレットをのせる。

 Secret recipe　　秘密のレシピ

牛肉は背中の中央部分のかたまり肉がおすすめ。中が半生のきれいなピンク色に仕上がっていると口当たりがやわらかく、おいしくいただけます。

ル

前菜、サラダ、サンドイッチなどサイドメニューも充実しています。野菜は季節に合わせ、魚介類はその日の仕入れによってメニューが変わります。

新しい伝統を築く
ビストロの味

「ル」とはオオカミの意味です。とてもお腹が空いていることをフランスでは「オオカミの空腹」ということが店名の由来といいます。2014年オープンの新しいカフェですが、約40坪の店内は昼夜満員でフル回転の状況です。伝統的なビストロの復活をテーマにかかげ、「おいしい・安い・速い」だけでなく、安全で健康的な料理で、パリのカフェの新しい伝統を築き上げようとしています。メイン料理だけで15品以上ある中から、人気のレシピを教えていただきました。

内装のテーマは狩猟好きな人の家と東欧的な家。2つのテイストがミックスした独特な雰囲気です。ボーイに若手カメラマンやスタイリストを雇うなど、若いアーティストを支える活動もしています。

Access
44 rue du Louvre Paris 1
電話：01 42 36 73 23
営業：毎日オープン 8時〜翌2時
メトロ：4番線 Les Halles下車 Sortie 4番出口
http://www.loup-paris.fr

おいしい料理で、みなさんの空腹を満たしますよ！

Beignet d'encornets

イカのベニエ

ベニエとは揚げ物の意味で、
いわゆるフランス風の天ぷらです。
マヨネーズソースは、トマトマリネの酸味と
アンチョビの塩気が味のアクセント。
さっぱりと味わいたい方は、マヨネーズを
バルサミコ酢にかえるのもおすすめです。

イカのベニエ

材料（2人分）
マヨネーズソース
- トマト…1個
- オリーブオイル…適量
- アンチョビ…2切れ
- エシャロット…1個
- マヨネーズ…大さじ2
- ※バルサミコ酢で代用可

イカ（足を除く）…2杯
薄力粉…150g
炭酸水…250ml
揚げ油…適量
レモン…1/4個
ハーブの花や葉など…適宜

下準備
○トマトをオリーブオイルでマリネしておく。

1 トマトは皮を湯むきして、種の部分をとってからみじん切りにする。
2 1を小さいボウルに入れ、オリーブオイルをひたひたになるまで注ぎ、冷蔵庫で1～2時間おく。

作り方
1 マヨネーズソースを作る。アンチョビ、エシャロットをみじん切りにし、トマトのマリネ、マヨネーズとあわせる。
2 イカは内臓をとり、皮をむいてよく洗う。キッチンペーパーなどで水気をとってから、約1cm幅の輪切りにする。
3 薄力粉をボウルに入れ、炭酸水をさっくりと混ぜる。
4 バットなどに薄力粉（分量外）を入れ、2のイカにまぶす。3のベニエ液をつけて180度の油で薄いきつね色に揚げる。
5 熱いうちに皿に盛りつけて、くし形切りにしたレモン、あればハーブの花や葉を飾る。
6 マヨネーズソースを別の器に入れて添える。

 Secret recipe 秘密のレシピ

ベニエ液に使う炭酸水は、よく冷やしておくと、サクっと揚がります。

Café Column 7 日替わりランチメニューの見方

レストランを兼ねているカフェは、だいたい12～15時がランチタイムとしてセッティングされており、日替わりランチメニューが用意されています。セット内容は、大きく3パターンに分かれますので、お腹の空き具合に合わせて選びましょう。お値段は14～16ユーロ（1ユーロ＝134.2円・2015年10月1日現在）が一般的です。

1 前菜とメインディッシュのセット
entrée et plat
アントレ エ プラ

2 メインディッシュとデザートのセット
plat et déssert
プラ エ デセー

3 前菜、メインディッシュ、デザートのセット
entrée et plat et déssert
アントレ エ プラ エ デセー

Nems de camembert, sauce betterave

カマンベールとバジルの生春巻き焼き ビーツソース添え

油で揚げないヘルシーな生春巻きに、赤い色が美しいビーツソースをつけていただく前菜です。
塩気があるカマンベールと、ほんのりと甘いビーツソースの組み合わせが新鮮です。
隠し味で日本でおなじみのわさびを使っています。

材料（2人分）

ビーツソース
- ビーツ…1個（約200g）
- しょうゆ…小さじ2
- トマトケチャップ…大さじ3
- わさび…適量

ライスペーパー（15cm角）…8枚
※春巻きの皮でも代用可
カマンベールチーズ…130g
バジルの葉…8枚
オリーブオイル…適量

作り方

1 ビーツソースを作る。ビーツは皮ごとよく洗い、たっぷりの水（分量外）を入れた深鍋に皮ごと入れ、水から約30分ゆでる。竹串をさして、まだ少しかたいと感じる程度で火を止め、そのまま鍋の中で冷ます。冷めたらキッチンペーパーなどに包んで皮をむく。

2 1を3〜4等分に切り、フードプロセッサーにかけてソース状にする。

3 2にしょうゆ、トマトケチャップを入れて混ぜ、わさびを少しずつ加えて好みの味にととのえる。

4 ぬらしてしぼった清潔なふきんの上に、ライスペーパーを広げて湿らせる。霧吹き器で水をかけてもよい。

5 カマンベールチーズは8等分にする。

6 4の上にバジルの葉1枚と、カマンベールチーズを1切れのせて包む。

7 フライパンに薄くオリーブオイルをひき、6の皮がパリッとなるように中火で焼く。

8 皿に7を盛りつけ、ビーツソースを別の器に入れて添える。

Secret recipe　　秘密のレシピ

ビーツをゆでるときに、酢を少々入れると色がより鮮やかにゆであがります。

Souris d'agneau confit au romarin, olives, pommes de terre grenaille

骨つきラムのハーブオイル煮 小さなポテト添え

大きなラムがドンと皿の上にのったダイナミックな料理は、店の名物の一つ。じっくりと煮込んだ肉はほろほろとやわらかく、ラム肉独特のクセがないので、見た目によらず食べやすいのも人気の理由です。肉をくずしながらじゃがいもとともにほおばってください。

材料(2人分)

- ラムのひざ肉…2本
  ※ラムのもも肉でも可
  　ラムチョップで代用する場合は6本
- オリーブオイル…大さじ4
- 水…450mℓ
- 仔牛のコンソメスープの素…1個(12g)
- ローズマリー…約10cmの長さを2本
- 塩、こしょう…各適量
- じゃがいも(小)…6〜8個
- A
  - 粗塩、こしょう…各小さじ1/2
  - 乾燥タイム…小さじ1
  - オリーブオイル…大さじ1
- ルッコラ、サラダほうれん草、
  　アルファルファなど…適宜

下準備
○ オーブンを180度に温めておく。

作り方

1 深鍋にオリーブオイルを熱し、ラムのひざ肉を強火で表面に色がつくまで焼く。

2 別の深鍋に水を入れ、沸騰させて固形スープを溶かす。

3 1に2を注ぎ、ローズマリーを加え塩、こしょうで味をととのえてからふたをする。弱火で約2時間煮る。

4 じゃがいもをきれいに洗い、皮つきのままキッチンペーパーなどで水気をとり、天板にクッキングシートなどをしいて並べる。

5 4にAの調味料をかけ、約1時間焼く。

6 皿に3を盛りつけ、焼き上がった5を添える。お好みで、ルッコラ、サラダほうれん草、アルファルファなどの生野菜を添える。

 Secret recipe　　秘密のレシピ

じゃがいもを皮ごと料理するときは、皮を粗塩で洗うと土がきれいにとれます。肉をラムチョップで代用する場合、煮る時間は約1時間30分が目安です。

Café Pinson
カフェ・パンソン

グルテンフリー&オーガニック食材による究極のヘルシーレシピ

健康・美容への意識が高いパリジャンとパリジェンヌに最も人気のカフェといって差し支えないのが、ここ「カフェ・パンソン」。小麦や大麦を使用しないグルテンフリーを一番にかかげ、有機無農薬食材のヴィーガン(完全菜食主義)メニューを扱っているからです。店名の「パンソン」は、アトリという鳥のこと。フランスには「パンソンのように陽気」という慣用句があります。その言葉のとおり、出てくる料理は陽気な遊び心に満ちたものばかり。食べる人を明るい気分にさせる、パリジャンとパリジェンヌお墨つきのヴィーガンレシピをお試しください。

おいしいグラノーラ(穀物のシリアル)や豆乳ヨーグルトなどを中心にした朝食メニューも人気。

Access
58 rue du Fbg Poissonnière Paris 10
電話：01 45 23 59 42
営業：月曜〜金曜 9時〜19時
土曜10時〜19時 日曜11時〜18時
メトロ：7番線 Poissonnière下車
http://www.cafepinson.fr

有機無農薬食材の日替わりメニューがうれしいお店です。働く人たちは全員若く、客層は若い女性と健康を気遣う大人の世代が多いのが特徴です。ランチメニューは前菜、メイン、デザートのセットで、19ユーロ50サンチーム。

Salade de céréale Pinson
パンソンの穀物サラダ

パリで大流行の食材、雑穀のメニューから、
キヌアをおいしくいただく一皿です。サラダ感覚で
さっぱりといただけますが、お腹も十分に満たされるので
カロリーが気になる方の主食におすすめです。

Café Pinson

パンソンの穀物サラダ

材料（2人分）
- キヌア…60g
- 水…120mℓ
- レタスの葉…4枚
- ブロッコリー…1/2個
- 大根…適量
- アボカド…1/2個
- ニンジン…適量
- バジルの葉…8枚
- ミニトマト…8個
- 豆腐のみそ漬け…適宜
  ※市販のもので可。作る場合は下記参照
- ドレッシング…適量
  ※作り方は下記参照。
  　市販のイタリアンドレッシングでも可

作り方
1. キヌアを炊く。鍋に水を入れて沸騰させる。キヌアを入れ、弱火で約20分炊く。その後、皿などにあけて冷ましておく。
2. 野菜を準備する。レタスは1cm幅に細長く切る。ブロッコリーは小房に切ってからさっと塩ゆでする。大根はかつらむきをしてから、せん切りに。アボカドは皮をむき種をとって薄く切る。ニンジンはタテ半分に切ってから薄く切り、バジルの葉はせん切りに、ミニトマトはヘタをとって半分にする。
3. 皿に**2**のレタスを敷き、**1**のキヌアをのせ、**2**の野菜を盛りつける。お好みで豆腐のみそ漬けの角切りを添える。最後にバジルの葉を散らす。
4. ドレッシングを別の器に入れて添え、食べる直前にかけていただく。

ドレッシング

材料（作りやすい分量）
- リンゴ酢…大さじ1
- しょうゆ…大さじ1
- 白ゴマペースト…大さじ1
- 砂糖…大さじ1/3
- しょうがのすりおろし…小さじ1/2
- にんにくのすりおろし…小さじ1/2
- 白ゴマ、シブレット（チャイブ）のみじん切り…各適量

作り方
材料をすべてボウルに入れてよく混ぜる。

豆腐のみそ漬け

材料（作りやすい分量）
木綿豆腐…1/2丁　みそ…大さじ2　みりん…小さじ1

作り方
1. 木綿豆腐はキッチンペーパーに包み、上に重い皿などを置いて30～40分水切りする。水切りした豆腐をガーゼに包む。
2. ボウルにみそとみりんを入れてよく混ぜる。
3. 豆腐のまわりに、スプーンなどで**2**をぬり、全体をラップで包んでから冷蔵室で2～3日漬ける。

※冷蔵室で1週間程度保存可。

 Secret recipe　　　秘密のレシピ

有機栽培のキヌアを使っています。キヌア以外にも黒米や玄米もヘルシーなのに食べ応えがありおすすめです。

Légumes Pinson sauce au curry
パンソンのたっぷり野菜 カレーソース添え

野菜本来の味を味わうためのレシピです。きちんと火を通したほうがいい野菜と、生でも食べられる野菜の焼き方を変えることがいちばんのポイントです。ココナッツミルクの入ったタイ風カレーソースでいただきます。

材料（2人分）
さつまいも（小）…1本
ニンジン…1本
赤ピーマン…1個
ズッキーニ…1本
A ┃ しょうがのすりおろし…小さじ1/2
　┃ にんにくのすりおろし…小さじ1/2
　┃ ターメリック…小さじ1/2
　┃ カレーペースト…大さじ1
　┃ ココナッツミルク…200mℓ
シブレット（チャイブ）…10本
バジルの葉…16枚

下準備
○オーブンを220度に温める。

作り方
1 さつまいもはよく洗ってから、2〜3cmの厚さのイチョウ切りにする。ニンジンは皮をむき、赤ピーマンは種をとり細い棒状に切る。ズッキーニもヘタをとり細い棒状に切る。

2 天板にさつまいもを並べて、オーブンで焼く。その後、オーブンを180度に下げ、ニンジン、赤ピーマンを約5〜6分焼く。

3 カレーソースを作る。Aをすべて鍋に入れ、弱火で10分煮る。

4 皿に3のカレーソースをしき、野菜をきれいに盛りつける。

5 シブレットをみじん切りにし、4の上にふり、バジルの葉をちらす。

 Secret recipe 秘密のレシピ

ここでは新鮮なズッキーニを生のまま盛りつけていますが、オーブンで軽く焼いてもおいしくいただけます。

ma cocotte
マ・ココット

内装は、フランスの有名デザイナー フィリップ・スタルク氏が担当。アンティーク街にモダンデザインを施す大胆な挑戦で話題をさらいました。

一から手作りの
テリーヌをぜひ！

パリでアンティークといえば蚤の市。その買い物客や、アンティーク関係の仕事をしているファッショナブルな人たちが足しげく通うカフェが「マ・ココット」です。とてもおしゃれな店内なのに、手頃な値段で気軽に食事をとれる場所として人気を集めています。店名は「私の煮物鍋」の意味で、じっくりと手をかけた家庭料理がモットー。自家製テリーヌは、肉のかたまりをマリネする工程からていねいに作ったもので、やみつきになる味です。シェフのパスカルさんに、その極秘のレシピを教えていただきました。

「家庭料理のぬくもりを大切にしたい」と、手間をかけた手作り料理にこだわるシェフのパスカルさん。

Access
106 rue des Rosiers
93400 Saint-Ouen
電話：01 49 51 70 00
営業：月曜〜木曜
12時〜15時、19時〜22時
金曜 12時〜15時、19時〜23時
土曜 9時〜23時
日曜 9時〜21時30分
メトロ：4番線
Porte de Clignancourt下車
Ornano方面出口
http://www.macocotte-lespuces.com

アンティーク街の一角。もとはアンティーク品の倉庫だった建物を改装

Terrine et saucisson
自家製テリーヌ

テリーヌはフランスで広く愛されている料理で、家庭ごとの味があります。
「マ・ココット」のテリーヌは、フォアグラとリンゴのコンポートが味の決め手です。
保存期間は作ってから1週間程度。きちんと密封すると2〜3カ月保存できます。
手間はかかりますが、おもてなしやパーティーの持ちよりなどに、とっても喜ばれる料理です。

自家製テリーヌ

材料
（作りやすい分量・
耐熱容器のサイズ：20×12×深さ7㎝）

豚肩ロースかたまり肉…500g
鶏レバー…200g
鶏のささ身…1本
フォアグラ…50g
※手に入らない場合は、鶏レバーを250gにしても可

マリネ液
| カルバドス…70㎖
| マディラ酒…80㎖
| 塩…10g
| こしょう…2g

リンゴのコンポート
| リンゴ…1個
| 水…約30㎖

たまねぎ…1個
パセリ…1束
網脂…1枚　※ラード（30g）で代用可

下準備
○肉をマリネ液に1日漬ける。

1 マリネ液の材料を合わせる。
2 豚肩ロースかたまり肉、鶏レバーはそれぞれ100gぐらいの大きさに切り、鶏のささ身、フォアグラとともに1のマリネ液に漬け、ラップフィルムなどでふたをして冷蔵室で1日おく。

○リンゴのコンポートを作る。

1 リンゴの皮をむき、芯をとってくし形に8等分にする。
2 鍋に1と水を入れ、リンゴがやわらかくなるまで弱めの中火で焦げないようにかき混ぜながら煮る。

○オーブンを180度に温める。

作り方
1 たまねぎは皮をむき薄切りに、パセリは葉をみじん切りにする。
2 マリネしておいた肉をすべてとり出し、バットに移して1と混ぜる。大きめのまな板にあけて包丁でたたき、粗いみじん切りにする。
3 耐熱容器に網脂を広げて2を入れ、上に余った網脂をかぶせる。ラードを使用する場合は、耐熱容器に2を入れてから上にラードをちぎってのせる。
4 3を180度に温めたオーブンで20分焼き、120度に温度を下げてさらに90分焼く。
5 オーブンからとり出して、涼しいところで12時間寝かせ、その後、ラップフィルムなどでふたをして冷蔵庫で冷やす。

 Secret recipe　　　秘密のレシピ

容器を一回り大きいバットなどに入れ、容器の高さの1/3ぐらいの水を張り湯煎にして焼くと、温度が一定になってうまく焼き上がります。

Café Column 8　テリーヌ、パテの違い

テリーヌ、パテのどちらも主に豚肉を使った保存食ですが、調理法に違いがあります。
● テリーヌ：語源は土。土でできたふたつきの焼き物（テリーヌ型）を使い、細かくした肉をオーブンで焼く料理。
● パテ：語源はパイ生地で、テリーヌと同様に細かくした肉をパイで包んでオーブンで焼きあげる料理。

※近年はテリーヌもテリーヌ型を使わないで焼いたり、パテもパイ生地で包まずに焼きあげたりすることから、明確な違いはなくなってきています。またどちらも、豚肉のほかに、鶏肉、うさぎ肉、ガチョウ肉、鴨肉、猪肉、またサーモンなどの魚でも作ることができます。

Fish and Chips de Portobello

フィッシュ・アンド・チップス　ポルトベロ風

「ポルトベロ」とはポルトガル料理からきたフリットのことです。
淡白な白身魚のさくさくフリットは、イギリスのパブなどでも定番料理として知られています。
「マ・ココット」では、ほんのり甘くまろやかな味わいの「グリーンピースソース」と
コリアンダー入りでエスニックな味わいの「タルタルソース」の2種類のソースで楽しみます。

材料（2人分）

グリーンピースソース
- たまねぎ…1個
- ミント…1/2枝
- バター…小さじ1〜2
- グリーンピース…250g
- 水…400〜500ml

タルタルソース
- キュウリのピクルス…50g
- エシャロット…1個
- ※たまねぎで代用可。その場合は中1/2個
- コリアンダー…50g
- マヨネーズ…200g

- 生たら（切り身）…2切れ
- 薄力粉…150g
- 塩、こしょう…各適量
- 炭酸水…25ml
- ビール…25ml

作り方

1 グリーンピースソースを作る。たまねぎは薄切りに、ミントの葉はせん切りにする。

2 鍋にバターを熱し、たまねぎ、グリーンピースを入れ強火で5分炒め、水を加えて弱火にしふたをして10分煮る。

3 鍋を火からおろし、ミントの葉を加えて混ぜる。粗熱がとれたら、ミキサーにかけてなめらかにし、さらに裏ごしする。

4 タルタルソースを作る。キュウリのピクルスとエシャロット、コリアンダーをみじん切りにしてマヨネーズと混ぜ合わせる。

5 フリットを作る。生たらの切り身は骨をとり棒状に細長く切る。

6 ボウルに薄力粉、塩、こしょう、炭酸水、ビールの順に加えて粉のかたまりがなくなる程度にさっくりと混ぜる。

7 たらに薄く薄力粉（分量外）をまぶし、6にくぐらせ、きつね色になるまで185度に熱した油で揚げる。

8 7を器に盛りつけ、グリーンピースソースを皿にしき、タルタルソースを小さな器に入れて添える。

 Secret recipe　　秘密のレシピ

フリット液を炭酸水とビールで作ることで、サクッとした軽い食感に揚げることができます。

paprika
パプリカ

やさしい味わいで毎日食べたくなるママンの料理

一部の野菜料理を除いて、毎日替わるメニューがずらりとカウンターに並び、それを見ながら選ぶとお店の人が目の前で盛りつけてくれるスタイルのカフェです。体にやさしいリゾットやタルト、野菜の旨みをそのままいかしたサラダなど、前菜からデザートまで、すべて家庭料理の素朴な味わいで、まるで田舎のママンの家に帰ったような気分になれます。オーナーのスペトラナさんに、秘伝のレシピを公開していただきました。

店内の家具もオープンテラスの家具もスペトラナさんが自らペンキをぬって仕上げました。料理だけでなく家具にもぬくもりがあります。

オーナーのスペトラナさんの故郷は、パプリカの産地でもあるハンガリー。店名の由来にもなっています。

※タルトの作り方はP.80でご紹介しています。

Access
65 rue de Bretagne
Paris 3
電話：09 83 87 49 56
営業：火曜日〜日曜日 10時〜18時
メトロ：3番線 Temple下車

一品一品、心を込めて作っています！

Risotto

スモークサーモンのリゾット

チキンコンソメとパルミジャーノチーズの風味でいただく、やさしい味わいのリゾットです。トッピングのスモークサーモンの香りや独特の塩気が、チーズのリゾットと合わせることでまろやかになって、おいしさを引き立てあいます。

スモークサーモンのリゾット

材料（2人分）
エシャロット…2個
にんにく…2片
スモークサーモンのスライス…200〜250g
シブレット（チャイブ）…4〜6本
水…約500㎖
チキンコンソメスープの素…1個（12g）
※ここでは1個12gのものを使用
オリーブオイル…大さじ4
イタリア米…250g
白ワイン…150㎖
生クリーム…60㎖
パルミジャーノチーズ（すりおろしておく）…70g

作り方
1 エシャロットとにんにくをみじん切りにする。スモークサーモンは食べやすいように細長く切り、シブレットは1〜2㎝ぐらいの長さに切る。

2 鍋に水とチキンコンソメスープの素を入れ、火にかけて溶かしておく。

3 別鍋にオリーブオイルを熱し、エシャロット、にんにくの順に加えて弱火で2分炒める。

4 3に米を加えてさっと炒めて2のコンソメスープ400㎖分を加えて、弱火で7〜8分煮て白ワインを入れる。

5 ときどきかき混ぜながら、弱火でさらに20分煮る。途中、コンソメスープが少なくなったら様子を見ながら足していく。

6 5に生クリームとパルミジャーノチーズを入れてさっと混ぜ、すぐに火からおろす。

7 器に6のリゾットを盛りつけ、スモークサーモンをのせ、シブレットを飾る。

Secret recipe　　秘密のレシピ

米についたぬかがリゾットのとろみになるので米は洗いません。中に少し芯が残っている程度のアルデンテに仕上げたいので、スープは火の通り具合を確認しながら少しずつ足していきましょう。パルミジャーノチーズの代わりにリコッタチーズやフェタチーズでもおいしくいただけます。

Point　リゾットに最適なイタリア米

リゾットは、もともとはイタリア料理ですが、フランスの家庭料理としても普及しています。使用するのはイタリア米。日本の米とは違い、粘り気が少なく、煮くずれしにくいので、スープで煮てリゾットにしたり、ゆでてサラダにしたりします。種類はさまざまにありますが、カロリーナ種、ヴィアローネ ナーノ種、アルボーリオ種などが、煮くずれしにくく長い間ゆでてもアルデンテの状態を保つため、リゾットに最適といわれています。リゾットはスプーンではなくフォークでいただくのがマナーです。

ヴィアローネ ナーノ種／男の台所（P.127）

Salade de carottes à l'anis et salade de balghour

ニンジンのアニスサラダとブルグールサラダ

何かもう一品欲しいときに、すぐに作れるサイドディッシュを2品ご紹介します。ほんのり甘くてスパイシーなハーブ、アニスをからめていただくニンジンサラダと、クスクスに似た中東の伝統食材「ブルグール」を使った穀物サラダです。

ニンジンのアニスサラダ

材料(2人分)

ニンジン…1本　　オリーブオイル…大さじ2
ワインビネガー…大さじ2　　アニスシード…小さじ1

作り方

1. ニンジンは皮をむき、約5mmの輪切りにしてさっと塩(分量外)ゆでする。
2. ワインビネガー、オリーブオイル、アニスシードをボウルに入れてラップフィルムをぴったりかけ、電子レンジに約30秒(600Wの場合)かける。
3. 2が熱いうちに1のニンジンを入れて混ぜ、室温で冷ます。

 Secret recipe 秘密のレシピ

ニンジンをせん切りにすると、違う食感のキャロットサラダになります。

ブルグールサラダ

材料(2人分)

レモンのしぼり汁…1個分
はちみつ…小さじ1
塩、こしょう…各適量
オリーブオイル…大さじ5
ブルグール…60g
※クスクスで代用可
水…120ml
パセリ…3本
ミントの葉…3枚
コリアンダー…2本

作り方

1. ボウルにレモンのしぼり汁、はちみつ、塩、こしょう、オリーブオイルを入れてよく混ぜる。
2. 別の耐熱ボウルにブルグールを入れる。鍋に水と塩を入れて沸騰させ、ボウルに注ぎラップフィルムをぴったりかけ、電子レンジに3分(600Wの場合)かける。その後、ラップフィルムをかけたまま室温で粗熱をとる。
3. パセリ、ミントの葉、コリアンダーをみじん切りにする。
4. 粗熱がとれたブルグールに1、3を入れ混ぜる。

Point　ブルグールは食物繊維が豊富な穀物

硬質小麦を全粒のまま蒸し、乾燥させたあと、ひき割りにしたのがブルグールです。小麦ふすまを含んでいるのでたんぱく質や食物繊維が豊富な健康食品です。お米のような丸粒と、細挽きにしたタイプがあります。

La Recyclerie

ラ・ルシクルリー

若い世代に大人気 気軽に楽しめる 創作料理

素朴で活気に満ちた学生食堂のような雰囲気があり、週末は、蚤の市に訪れた家族連れで行列ができています。メインメニューは約15〜16品。フランス各地の郷土料理をはじめ、世界各国の料理を研究しつくしたシェフのジルさんの創作料理が人気です。また、小麦類を使わないグルテンフリー料理や卵、乳製品をいっさい使わないヴィーガン（完全菜食主義）メニューも豊富。現代人の多様なニーズに応えるメニューの中から、ジルさんおすすめの2品を紹介します。

料理はテイクアウトが可能。週末はブランチ目当ての人たちでにぎわいます。アンティーク街、蚤の市の近くです。

「エコロジーな生活」を推進する、非営利団体が運営しているカフェです。

自転車や家庭電化製品の修理窓口、大工仕事の教室も運営しています。修理用機械の貸し出しも。

メトロ
Porte de Clignancourt
（ポート・ド・クリニャンクール）駅

Bd. Ney（ネイ大通り）
Rue Belliard（ベリアール通り）
Bd. Ornano（オルナノ大通り）

Access

83 Bd. Ornano Paris 18
電話：01 42 57 58 49
営業：月曜〜土曜 8時〜翌2時
日曜 8時〜22時
メトロ：4番線 Porte de Clignancourt下車
Ornano方面出口
http://www.larecyclerie.com

パリの若者の人気スポットです

Wrap de poulet exotique, salade d'épeautre

チキンウラップのトルティーヤとスペルト小麦のサラダ

「ウラップ」は、インドネシア料理のジャワ風ココナッツ炒めのことです。
ココナッツとパプリカの風味がきいたエキゾチックな味わいです。
つけ合わせのサラダはスペルト小麦を使ったもの。しょうゆとバルサミコ酢を合わせた
さっぱりとしたドレッシングを使うので、濃厚な味わいのトルティーヤとよく合います。

Cotriade de la Recyclerie

ブルターニュ風ブイヤベース

ブイヤベースは、マルセイユの
有名な郷土料理です。
ここにご紹介するのは英仏海峡と大西洋に
せり出した半島、ブルターニュ地方の
漁師たちが獲れたての新鮮な
魚介で作るブイヤベースです。
魚はその日に手に入った新鮮なものなら
なんでもおいしくいただけます。

チキンウラップのトルティーヤ

材料（2人分）
スライスアーモンド…10g
鶏のささ身…360g
赤たまねぎ…1個
パイナップル…40g
オリーブオイル…大さじ1〜2
ココナッツファイン…100g
ココナッツミルク…200ml
パプリカパウダー…小さじ1
塩…適量
トルティーヤ…2枚
サラダ菜…4枚
バルサミコ酢…適宜

作り方
1 スライスアーモンドをフライパンに入れ、中火で薄い茶色に色づくまで煎る。鶏のささ身は筋をとり細い棒状に切る。赤たまねぎは薄切りにし、パイナップルも細い棒状に切る。

2 フライパンにオリーブオイルを熱し、1の鶏のささ身を強火でさっと炒め、スライスアーモンド、赤たまねぎ、パイナップルとココナッツファインを加えてさらに炒める。ココナッツミルクを注ぎ、弱火で3〜4分からめながら煮る。

3 2の汁気がなくなったらパプリカパウダーを入れ、塩で味をととのえる。火を止め、粗熱をとる。

4 トルティーヤにサラダ菜を2枚しき、3を入れて端からくるくると丸める。

5 4を2つに切って皿に盛り、お好みで煮詰めたバルサミコ酢をかける。

 Secret recipe 秘密のレシピ

調理前に、鶏のささ身肉を材料内のココナッツミルクに20〜30分つけておくと、肉がやわらかくなります。

スペルト小麦のサラダ

材料（2人分）
スペルト小麦…100g
水…1ℓ
塩…小さじ1
キュウリ…2本
和風ドレッシング
　｜しょうゆ…小さじ2
　｜バルサミコ酢…大さじ1
　｜オリーブオイル…大さじ3
ゆでた枝豆…6〜10粒
黒ゴマ…小さじ2
アルファルファ…適量
エディブルフラワー（食用花）…適宜

作り方
1 鍋に水を沸騰させ、スペルト小麦を入れたら弱めの中火にして20分煮る。途中、スペルト小麦に火が通ったら塩を入れる。ザルなどにあげて、水気を切り冷ます。

2 キュウリをみじん切りにする。

3 ボウルに和風ドレッシングの材料を混ぜ合わせ、1、2と枝豆を入れてあえる。

4 皿に3を盛りつけ、黒ゴマをかけてアルファルファをのせる。お好みでエディブルフラワーを飾る。

ブルターニュ風ブイヤベース

材料(2人分)
生たら、鮭、スズキなどの白身魚(切り身)…各60g
エビ…4〜6尾
ムール貝…8〜10個
じゃがいも(大)…2個
たまねぎ(大)…1個
にんにく…2片
オリーブオイル…大さじ1
白ワイン(辛口)…約400ml
サフラン…ひとつまみ
塩、粗びき黒こしょう…各適量
サラダほうれん草…1株
シブレット(チャイブ)、グリーンピースのスプラウト、フェンネル、アルファルファなど…各適量
エディブルフラワー(食用花)…適宜

作り方
1 魚の切り身は3〜4等分に切る。エビは殻と背ワタをとる。ムール貝はきれいに洗っておく。

2 じゃがいもは皮をむき約5mmの厚さに切る。たまねぎとにんにくはみじん切りにする。

3 フライパンにオリーブオイルを熱し、たまねぎとにんにくを入れて中火で香りが立つまで炒め、さらにじゃがいもを加えて1〜2分中火で炒める。

4 3に白ワインを入れ、サフラン、塩、粗びき黒こしょうを加え弱火で約20分煮る。途中で水分が少なくなったら野菜がひたる程度に水を適宜足す。

5 4をザルなどに一度あげて、野菜とスープを分ける。こしたスープを再びフライパンに戻して1で下準備をした魚介類を入れ中火で3〜4分煮る。

6 サラダほうれん草、シブレットを2〜3等分に切る。

7 皿の中央に5でスープと分けた野菜を盛りつける。その上に5の魚介類をのせ、サラダほうれん草、シブレット、グリーンピースのスプラウト、フェンネル、アルファルファなどを飾り、あればエディブルフラワーを添える。

 Secret recipe　　秘密のレシピ

魚介類は火を通しすぎないことがおいしく仕上げるコツです。新鮮な魚が手に入らないときは、お店では「アドック」と呼ばれるたらの燻製を使うこともあります。「アドック」は、牛乳に約1時間浸して塩気をとり、さらに水で洗って、十分に水気を切ってから使います。

Café Column 9　料理をシェアしたいときは？

料理を注文するときに気になるのは一皿の量ですが、これはカフェによって、また料理によってそれぞれです。たとえ量が普通でも、前菜からデザートまで1人分を注文して2人でシェアをしても、カフェ側はまったく気にしません。1人分をまずは注文し、そのあとに右記の言葉を続けます。

私は、彼(彼女)と料理を分けあいたいです。
Je voudrais partager un plat avec lui, elle(avec elle).
ジュヴドレ・パルタジェ・アン・プラ・アヴェク・リュイ(アヴェケル)
※男性で複数になる場合はアヴェクウ(avec eux)に。女性は複数でも同じアヴェケルです。

私にお皿1枚下さるようお願い致します。
Donnez moi une assiette s'il vous plaît.
ドンネ・モワ・ユンナシエト、シルヴ・プレ

ラ・ルシクルリーは、かつてパリに環状電車が走っていたころの駅舎の廃墟をリフォームしたカフェです。店内は広々として天井も高いので、古い駅舎の雰囲気も味わえます。線路沿いは遊歩道になっていて、カフェでお腹を満たしたあとは、散策をのんびりと楽しむことも。

La Tasse du Marais
ラ・タース・ド・マレ

迎えてくれる女性は、学校の先生を辞めてこの仕事に挑戦する経営者のヴァレリーさん。左隣りはパティシエのピエール・エドワールさん。

名物は腕自慢のパティシエが作る日替わりキッシュ

創作スイーツをメインに扱うカフェですが、ランチタイム限定で販売されるキッシュが人気を集めています。シェフのピエール・エドワールさんが作る日替わりのキッシュは、旬の食材に合わせて毎日2種類ずつ。そのキッシュに合わせた創作サラダが2品あり、お好みで組み合わせれば、栄養バランスもしっかりとれます。押しも押されもせぬパリ名物となっているキッシュと創作サラダをぜひお試しください。

白を基調にしたエレガントなデザインの外観は、ブティックと見間違えるようなおしゃれな雰囲気です。

店内はイギリス製の壁紙が使われ少しイギリス風。席は18席で、小さいけれども落ち着いた雰囲気です。

座り心地のよい椅子で、ゆっくりとくつろいでください

Access
26 rue Charlot Paris 3
電話：09 86 17 28 00
営業：火曜〜土曜オープン
10時30分〜18時
メトロ：8番線 Filles du Calvaire下車
http://facebook.com/latassedumarais

※キッシュの作り方はP.78でご紹介しています。

Salade de poulet Sauce Caesar
チキンサラダ セザールソース

「セザールソース」は、フロマージュ・ブランと生クリーム、ウスターソースを隠し味に使った甘酸っぱくて濃厚なソースです。チキンとマッシュルームにからめていただくボリューム満点のサラダは、野菜もたっぷりとれてキッシュとのバランスもばつぐんです。

チキンサラダ セザールソース

材料（2人分）

セザールソース
- レモンのしぼり汁…20ml
- にんにく…1/2片
- 塩…適量
- フロマージュ・ブラン…150g
- 生クリーム…150ml
- ウスターソース…10ml
- オリーブオイル…50ml

鶏むね肉…200g
マッシュルーム…6個
ベーコン…50g
オリーブオイル…大さじ2
パプリカパウダー…小さじ1
塩、こしょう…各適量
白ワイン…20ml
ブロッコリー、レタス、ミニトマトなど
　お好みのサラダ用の野菜…各適量

作り方

1. セザールソースを作る。レモンのしぼり汁をボウルに入れ、すりおろしたにんにく、塩を入れて混ぜる。
2. 1にフロマージュ・ブランを入れて泡立て器でよく混ぜ、生クリームも加えて混ぜる。さらに、ウスターソースを加えて、オリーブオイルを少しずつ注ぎながら混ぜる。
3. 鶏むね肉は一口大に、マッシュルームは半分に切る。ベーコンは細かく刻む。
4. フライパンにオリーブオイルを熱し、ベーコンがしんなりするまで炒める。鶏むね肉、マッシュルームの順に加えて強火で炒め、鶏むね肉に火が通ったら中火にし、パプリカパウダーをふり入れ、塩とこしょうで味をととのえる。
5. 4に白ワインを注ぎ、水分がなくなるまで炒めたら、火を止めて粗熱をとる。
6. セザールソースを入れたボウルに5を入れてあえ、冷蔵室で冷やす。
7. 皿にサラダ用の野菜を盛りつけ、6をのせる。食べるときは全体を混ぜていただく。

 本場イギリスの ウスターソース

ウスターソースは、世界中に出回っていますが、店では本場イギリスのウスター市で作られたウスターソースを使用しています。肉に下味をつけたり、ステーキ・タルタル（P.18）にかけたりします。

Café Column 10
「ギャルソン」ではなく「ムシュ」と呼ぼう！

フランスは階級社会がいまだに根強く残っている国で、これまでサービス係は「ギャルソン（男の子）」と呼ばれていました。しかし、そうした差別的な呼び方に疑問をいだく人も多くなり、近年は「ムシュ」と呼ぶのが一般的です。女性のサービス係なら「マダム」、見るからに若い女性なら「マドモワゼル」、その呼び名のあとに、「s'il vous plaît（シルヴプレ・お願いします）」をつければ、すぐに注文をとりに来てくれます。注文したあとは、必ず「merci（メルシー・ありがとう）」と言ってください。サービスを受けたら「merci」を忘れずに。

Café Column 11 スイーツを楽しむカフェの午後

フランス人は老若男女を問わず食事の最後は必ず甘いもので締めるので、カフェには必ずおいしいスイーツが用意されています。メインディッシュのあとに、また午後のティータイムに、ぜひパリジャン、パリジェンヌのように甘い喜びを味わってみてください。クッキーやマフィンなどのテイクアウトができるカフェもあります。

パプリカ(P.58)の手作りクッキーです。お菓子を入れている皿のふたは「クロシュ」と呼ばれているもので鐘の意味です。

キュイソン(P.36)のチョコレートケーキ(Gâteau au chocolat)です。中がしっとりとしています。

人気のル・ロワール・ダン・ラ・テイエール(P.96)のお菓子。左から、メレンゲをたっぷりのせて焼いたパイ、アプリコットのタルト、クランベリーのタルト。

レピスリー・サン・サバン(P.34)のデザートは、流行のアルドワーズ(黒い石板)にのってきます。

タルトとキッシュの カフェ別・味比べ

フランス家庭料理を代表するタルトとキッシュ。カフェにも定番メニューとして置かれていることが多く、それぞれの味があります。タルトには軽食としていただく塩味のものと、デザートとしていただく甘い味のものの2種類で、一般に2～3cmの厚さがあるものをいい、キッシュは塩味のみで、できあがりの厚さは一般に4～5cmのものをいいます。タルト（キッシュ）台の種類は右記のようになります。

- 練りパイ生地＝パート・ブリゼ
  ほんのり塩気のあるもの→サレ
  ほんのり甘みのあるもの→シュクレー
- デザート用のクッキーに似た生地
  ＝パート・サブレ
- 葉のように薄い層ができる生地
  ＝パート・フィユテ

基本のタルト台を作りましょう

カフェでは、前述のとおり、3種類の台を使い分けてタルトやキッシュを作っています。ここでは、次ページでご紹介するル・ロワール・ダン・ラ・テイエールのナスのタルトのパート・ブリゼ・サレの作り方を詳しくご紹介します。フランスの主婦もほとんどが同様の方法でパート・ブリゼを作ります。下のプロセスは慣れれば5分ぐらいでできるので、多めに作って冷凍しておくと便利です。挑戦してみてください。

材料（型：直径25cm×深さ3cm・6人分）

薄力粉…250g
塩…小さじ1
バター…125g
卵…1個
水…約100ml

作り方

1 ボウルに薄力粉と塩を入れて、泡立て器でさっと混ぜ、小さく角切りにしたバターを入れる。

2 手でバターをつぶしながら、バターの形がほぼなくなるくらいまで全体的に薄力粉とよくなじませる。

3 よく溶いた卵を入れ、フォークやゴムベラなどでこねないようにさっくりと混ぜていく。

4 卵がまんべんなく混ざったら、手で生地をまとめていく。このときもこねないように注意。

5 4に水を加減しながら加え、耳たぶくらいのかたさになったらラップで包み、冷蔵室で約2時間寝かす。

ポイント・気をつけること

※手早く作業しないと、バターがやわらかくなりすぎて粉がまとまりにくくなります。

※水を入れすぎると、焼きあがりがかたくなります。水を入れすぎてしまったら、薄力粉を追加して調節を。

※生地は使う約10分前（冬は20分前）に冷蔵室から出しておきます。

※ほんのり甘みのあるシュクレーは、塩の代わりに砂糖大さじ3を混ぜます。ほかはすべて同様のプロセスで。

ル・ロワール・ダン・ラ・テイエール(P.96)の
ナスのトマトソースタルト

たっぷりのナスを、相性のよいトマトソースでいただくタルトです。
黒オリーブの塩気が味のアクセントになるので、塩を控えめにするのがポイント。
生クリームと卵を使わないソースなので、カロリーもぐっとおさえられています。

材料(型:直径25cm×深さ3cm・6人分)

タルトソース
- ニンジン…1本
- にんにく…1片
- たまねぎ…1個
- セロリ…1本
- オリーブオイル…大さじ3
- トマト(ホール缶)…600g
- 塩、こしょう…各適量

フィリング
- ナス(長さ約25cm)…2個
  ※日本のナスの場合は、5～6個
- オリーブオイル…大さじ4
- 黒オリーブ…大さじ山盛り2
- エメンタールチーズ(削ったもの)…大さじ3
- 塩、こしょう…各適量

パート・ブリゼ…1台

下準備
○P.75を参照して、パート・ブリゼを作っておく。
○焼き型は、バター(分量外)を薄くぬり、薄力粉をまぶして余分な粉を落とす。
○オーブンを180度に温める。

作り方

1 タルトソースを作る。ニンジン、にんにく、たまねぎは皮をむき、みじん切りにする。セロリは葉をとり、茎の部分をみじん切りにする。

2 鍋にオリーブオイルを熱し、1を入れて中火で10分炒め、その後、トマトを入れて弱火で約30分煮る。粗熱がとれたらミキサーにかけ、塩、こしょうで味をととのえる。

3 フィリングを作る。ナスはヘタをとって角切りにし、塩を適量ふって15～20分おいてから水ですすぎ、手で絞り水気を切る。

4 天板にクッキングシートをしき、3のナスを並べオリーブオイル、塩、こしょうをふり180度のオーブンで30分焼く。

5 黒オリーブは半分に切り、種を出してからボウルに入れ、エメンタールチーズと混ぜる。

6 大きめのまな板に打ち粉(薄力粉・分量外)をしき、パート・ブリゼの生地をタルト型より一回り大き目にのばす。タルト型にのせて型にしき、隅まできちんと押しあてる。型からはみ出た部分はキッチンばさみなどできれいに切りとる。さらに底面全体にフォークで穴をあける。

7 6をオーブンで約20分焼く。

8 7をオーブンからとり出し、4のナス、5のオリーブを生地にのせる。さらに2のタルトソースをたっぷりかけて、オーブンに再び入れさらに約10分焼く。

Tarte salée aux aubergines

ラ・タース・ド・マレ(P.70)の
野菜のキッシュ

キッシュクリームソースは、薄力粉を入れ混ぜることで厚みを出して濃厚な味わいにします。
具の野菜は季節に合わせてお好みのものに変えてください。
キッシュ台と具を先に焼いてから、ソースをかけて再び焼くのがポイントです。

材料（型：直径25cm×深さ4cm・6人分）

キッシュソース
- 卵…2個
- 卵黄…2個分
- 薄力粉…40g
- 生クリーム…250ml
- 牛乳…250ml
- 塩、こしょう…各適量

フィリング
- ナス…3個
- トマト…2個
- ズッキーニ…3本
- ベーコン…150g
- オリーブオイル…大さじ3.5
- 塩、こしょう…各適量
- 乾燥タイム…大さじ1/2
- モッツァレッラチーズ…150g

パート・ブリゼ…1台

下準備
○P.75を参照して、パート・ブリゼを作っておく。
○焼き型は、バター（分量外）を薄くぬり、薄力粉をまぶして余分な粉を落とす。
○オーブンを180度に温める。

作り方

1 キッシュソースを作る。卵と卵黄をボウルに入れて泡立て器で溶きほぐす。

2 1のボウルに薄力粉を入れ、ダマができないようによく混ぜる。生クリームを加えて混ぜ、牛乳を少しずつ注いでさらに混ぜる。塩、こしょうをふり味をととのえる。

3 フィリングを作る。ナスはヘタをとりタテに半分にしてから薄く切り、塩水に浸けてあく抜きする。水の色が茶色くなったら、新しい水ですすぎ、その後、手で絞り水気を切る。

4 トマトは湯むきし、種の部分はとり除いて細かく刻み、キッチンペーパーなどで水気をとっておく。ズッキーニはヘタを切りタテに半分にし薄く切る。

5 ベーコンは細切りにする。フライパンにオリーブオイルの半量を熱し、ベーコンを入れ強火で2～3分炒める。

6 ベーコンがしんなりしたら4のズッキーニを加えて炒め、途中で中火にしてズッキーニがやわらかくなるまで炒め、皿などにとり出しておく。

7 フライパンに残りのオリーブオイルを熱し、3のナスを炒める。火が通ったら、6と、トマトを加えて中火で約8分炒める。塩、こしょうで味をととのえ、粗熱がとれたら、乾燥タイムとモッツァレッラチーズを加えて混ぜる。

8 大きめのまな板に打ち粉（薄力粉・分量外）をしき、パート・ブリゼの生地をタルト型より一回り大き目にのばす。タルト型にのせて型にしき、隅まできちんと押しあてる。型からはみ出た部分はキッチンばさみなどできれいに切りとる。

9 8に7の具をのせ、オーブンで約20分焼く。

10 9をオーブンからとり出し、2のキッシュソースをたっぷりかけ、オーブンを160度にして約20分焼く。竹串などでキッシュの中央をさしてソースがついてこなければ焼き上がり。ソースがついてきたら、さらに5～10分焼く。

パプリカ(P.58)の
ベーコンとネギのタルト

具をあえてシンプルにし、ネギのおいしさを味わいます。
タルトソースは、ナツメグパウダーが味のポイントです。ソースを作るときに卵をかき混ぜすぎると、焼いたときにふくれ上がり、その後くぼんで、きれいな焼き上がりにならないので注意してください。

材料(型：直径25cm×深さ3cm・6人分)
タルトソース
- 卵…2個
- 卵黄…2個分
- 生クリーム…250mℓ
- 牛乳…250mℓ
- ナツメグパウダー…小さじ1/2
- 塩、こしょう…各適量

フィリング
- 長ネギ…2本(約350g)
- コンテチーズ…30g
- オリーブオイル…大さじ2
- 薄切りベーコン…150g
- マスタード…大さじ1～2

パート・ブリゼ…1台

下準備
- P.75を参照して、パート・ブリゼを作っておく。
- 焼き型は、バター(分量外)を薄くぬってから、薄力粉をまぶして余分な粉を落とし、冷蔵室で冷やしておく。
- オーブンを180度に温める。

作り方
1 タルトソースを作る。ボウルに卵と卵黄を入れ溶く。生クリーム、牛乳を加えてよく混ぜ、ナツメグパウダー、塩、こしょうを入れてさらに混ぜる。

2 フィリングを作る。長ネギは5cmぐらいの長さにぶつ切りにし、タテに細く切る。コンテチーズは小さな角切りにする。

3 フライパンにオリーブオイルを熱し、2の長ネギを中火で約5分炒める。

4 天板にクッキングシートをしき、ベーコンを並べてオーブンで約10分焼き、キッチンペーパーにとり余分な脂をとる。粗熱がとれたら手で大きめにちぎる。

5 大きめのまな板に打ち粉(薄力粉・分量外)をしき、パート・ブリゼの生地をタルト型より一回り大き目にのばす。タルト型にのせて型にしき、隅まできちんと押しあてる。型からはみ出た部分はキッチンばさみなどできれいに切りとる。さらに底面全体にフォークで穴をあける。

6 5をオーブンで10分焼く。

7 オーブンからとり出して生地にマスタードをぬり、2のコンテチーズ、3のネギ、4のベーコンをのせ、1のタルトソースをかける。

8 再びオーブンに入れて15～20分焼く。一度とり出し、上にアルミホイルをのせて、さらに15～20分焼く。竹串などでタルトの中央をさしてソースがついてこなければ焼きあがり。ソースがついてきたら、さらに5～10分焼く。

Tarte aux poireaux et aux lardons

メルシー・カンチーヌ(P.8)の 野菜のタルト

メルシー・カンチーヌのタルトソースは、生クリームの分量が一般的なソースよりもぐっと少なめで、その分、卵が多いのが特徴です。ふわりとしたオムレツの中にたっぷり入った具は日替わり。ここではマッシュルームを使ったタルトをご紹介します。

材料(型:直径25cm×深さ3cm・6人分)

タルトソース
- 卵…6個
- 生クリーム、または豆乳…20㎖
- 塩、こしょう…各適量

フィリング
- マッシュルーム…700g ※シイタケでも代用可
- にんにく…3片
- エシャロット…4個
- ※たまねぎで代用可。その場合は2個
- A
  - チャービル…6本
  - シブレット(チャイブ)…5本
  - イタリアンパセリ…6本
- オリーブオイル…大さじ4〜5
- 塩、こしょう…各適量

パイナップルトマト…適宜
※黄色のミニトマトで代用可

タイム…9〜10本

パート・ブリゼ…1台

下準備
- ○P.75を参照して、パート・ブリゼを作っておく。
- ○焼き型は、バター(分量外)を薄くぬってから、薄力粉をまぶして余分な粉を落とし、冷蔵室で冷やしておく。
- ○オーブンを180度に温める。

作り方

1 タルトソースを作る。ボウルに卵すべてを割り入れて、フォークなどでほぐし、生クリーム、または豆乳を入れて混ぜ、塩、こしょうをふる。

2 フィリングを作る。マッシュルームは薄切りに、にんにく、エシャロットは皮をむいてみじん切りにする。Aもすべてみじん切りにする。

3 フライパンにオリーブオイルを熱し、にんにくを入れ、香りが立ったら、マッシュルーム、エシャロットを入れて中火で10〜15分炒め、塩、こしょうで味をととのえる。

4 3のフライパンにAを入れさっと混ぜて火からおろす。粗熱がとれたら、1のソースを注いで混ぜる。

5 大きめのまな板に打ち粉(薄力粉・分量外)をしき、パート・ブリゼの生地をタルト型より一回り大き目にのばす。タルト型にのせて型にしき、隅まできちんと押しあてる。型からはみ出た部分はキッチンばさみなどできれいに切りとる。さらに底面全体にフォークで穴をあける。

6 5をオーブンで10分焼く。

7 オーブンからとり出し、4を流し入れ、お好みで、パイナップルトマトのスライス(またはミニトマトを半分に切ったもの)をのせ、再びオーブンに入れ約25〜30分焼く。竹串などでタルトの中央をさしてソースがついてこなければ焼き上がり。

8 オーブンからとり出し、タイムの葉を飾る。

 Point
パイナップルトマトはリバイバル野菜

ここで飾りに使っているパイナップルトマトは、フランスに古くからあったトマトで、赤いトマトよりも栄養素が高くて濃厚な味わいが特徴です。ここ数年の健康志向の高まりからリバイバルしたもので、まだまだ珍しい高級品です。

Tarte aux légumes

La faille
ラ・ファイユ

発想豊かな料理の数々でパリジャンを魅了

シェフのヤンヌさんのアイディアあふれる料理が人気の「ラ・ファイユ」。なるべくたくさんの料理を味わってもらいたいと、ハーフサイズメニューを用意し、1品の値段で2品注文できるようにしているのも、ここならではの特徴です。これからご紹介するレシピの一つ「サバのマスタードジュレ添え」は、この本のためにヤンヌさんが考案した新メニューです。日本でもなじみ深い食材を使った自慢のレシピを日本の皆さんに味わってほしいそうです。

メニュー表とドライフラワーをオブジェのように配置。料理を待ちながら、おしゃれでアイディアあふれるインテリアを楽しめます。

パリの老舗ホテルで修業しました

ヤンヌさんの創作料理は、メインだけでも15種類ぐらいあり、半月に1度替わります。

ラ・ファイユとは断層やひびの意味で、レストランの名前としては珍しいかもしれません。天井にプリザードフラワーを飾ろうと、ひびを入れたのがお店の名前の由来です。

Access
49 rue Montmartre Paris 2
電話：01 40 26 75 51
営業：月曜〜土曜 12時〜翌2時
日曜 11時〜19時
メトロ：4番線 Les Halles下車
Sortie4番出口

ワインクーラーが各テーブルについています。ミネラルウォーターをビンごと冷やすのにも使われます。

Maquereau à la moutarde

サバのマスタードジュレ添え

ライム果汁で煮たサバは、それだけでもさっぱりとしていて、とてもおいしい一品です。
さらに、クリーミーなマスタードジュレがサバの味にまろやかさをプラスします。
見た目も美しく、おもてなしにもむく一皿です。

サバのマスタードジュレ添え

材料（2人分）
マスタードジュレ
├ 粉ゼラチン…1g
├ 生クリーム…50㎖
└ マスタード…15g
ライムのしぼり汁…2個分
※柚子でも代用可
塩、こしょう…各適量
サバ（切り身）…2切れ
オリーブオイル…適量
卵…1個
ラディッシュ、赤たまねぎ、
　キュウリのピクルス…各適量
ケッパー…4個
ミント、スプラウト、グリーンピースの葉、
　…適宜

下準備
〇マスタードジュレを作っておく。

1 粉ゼラチンは水（分量外）でふやかす。
2 鍋に生クリームとマスタードを入れて弱火で約3分温め、1のゼラチンを加えて混ぜ溶かす。
3 直径8㎝程度のセルクルに入れて冷蔵室で冷やす。

〇卵は室温に戻しておく。

作り方
1 ライムのしぼり汁を鍋に入れて中火で温め、塩、こしょうをふる。
2 1の鍋にサバの切り身を入れて、弱火で約10分煮てそのまま冷ます。冷めたら、キッチンペーパーなどでサバの水気をとる。
3 サバの皮面に料理用ハケでオリーブオイルをぬる。
4 別の鍋に湯を沸かし、卵を10分ゆでる。粗熱がとれたら殻をむき、白身と黄身に分けてマッシャーでつぶす。
5 ラディッシュ、赤たまねぎ、キュウリのピクルスは薄切りにする。
6 皿にサバを盛りつけ、ラディッシュをのせ、お好みでミントを飾る。
7 マスタードジュレは半分に切り、6と同じ皿に盛りつけ、4の白身と黄身、赤たまねぎ、キュウリのピクルス、ケッパーをのせる。お好みでスプラウトやグリーンピースの葉、ミントを飾る。

 Secret recipe 秘密のレシピ

サバを煮るときは絶対に沸騰させないようにすること。まだ生なのでは、と思うぐらいで火を止めたほうが成功します。

Café Column 12　支払いはテーブルでムシュに

カフェのほとんどは、注文の料理を持ってくると同時にレシートを置いていきます。席を立つときに「Monsieur l' addition s'il vous plaît.（ムシュ、ラディション、シルヴプレ）」と言ってムシュを呼び、お金を支払います。サービス料金は含まれているので、チップは必要ありませんが、気持ちだけでもと思えばコーヒー1杯2.5ユーロに対して、50サンチームで十分です。ただし、高級レストランではチップが必要です。

Le foie gras à la rhubarbe confit

フォアグラのテリーヌ ルバーブコンフィのせ

市販のフォアグラのテリーヌを使い、かんたんにできて、見た目がとても美しい前菜を一品ご紹介します。コンフィの甘みがフォアグラの味を引き立てます。このコンフィは保存がきくので多めに作って、デザート用のパイの具にするのもおすすめです。

材料（2人分）
- ルバーブの茎…100g
- 砂糖…90g
- 水…大さじ2
- イチゴ…6個
- 市販のフォアグラのテリーヌ…2スライス

下準備
○ルバーブを砂糖に漬ける（前日）。

1 ルバーブは約1cmの長さに切る。
2 密閉できる容器、またはフリーザーバッグにルバーブと砂糖を入れ、一晩漬ける。

作り方
1 一晩漬けておいたルバーブを砂糖ごと鍋に入れ中火にかける。水を入れて、焦げないようにかき混ぜながら、繊維ごとやわらかくなるまで煮る。
2 1を裏ごしして、ルバーブの繊維をとる。
※繊維が気にならなければ裏ごしは省いても可。
3 イチゴは4個を薄切りにして皿に敷く。
4 フォアグラのテリーヌを3のイチゴの上にのせ、2のルバーブのコンフィを上にぬる。
5 残りのイチゴとルバーブのコンフィの残りを添える。

Point　ルバーブはおいしい夏のデザート！

ルバーブがマルシェに出回る時期は4〜9月、最盛期は6〜8月です。フランスでは茎を砂糖で煮込んでコンフィやジャムにしたり、ケーキやタルトなどデザートにしていただくのが一般的です。繊維がありますが、加熱することで繊維ごとやわらかくなります。

Secret recipe　秘密のレシピ

コンフィの甘さを抑えたい方は、ルバーブ1に対して、砂糖を3/5程度に控えめにしてもよいでしょう。

Asperges vertes de Jérôme Galis
ジェローム・ガリさんのグリーンアスパラ クリームチーズ添え

生産者のジェローム・ガリさんから、旬のグリーンアスパラを仕入れたときに、
必ずメニューに入れる人気の一品です。
こしょう風味のクリームチーズのまろやかさが、グリーンアスパラの香りと
よいハーモニーを奏でます。辛口の白ワインにとても合います。

材料（2人分）
グリーンアスパラ…4本
グリーンピース…10〜12個
ニンジン…1/6本
ビーツ…1/4個
ラディッシュ…2個
じゃがいも…1/2個
オリーブオイル…大さじ1〜2
クリームチーズ…200g
こしょう…適量
グリーンピースの葉、赤バジルの葉…各適宜

下準備
○クリームチーズを常温に戻しておく。

作り方
1 グリーンアスパラは根元のかたい部分とはかまをとってからかための塩ゆでにし、約5cmの長さで斜めに切る。グリーンピースも別にかための塩ゆでにする。
2 ニンジンは薄い輪切りに、ビーツは薄いくし形に、ラディッシュは薄切りにする。
3 じゃがいもは皮をむいてから薄切りにする（ワッフルスライサーがあれば網目状にスライスする）。フライパンにオリーブオイルを熱し、両面をこんがりと焼いて火を通す。
4 クリームチーズをボウルに入れ、こしょうを加えて練り混ぜる。
5 皿に4を敷き、その上に1〜2の野菜とじゃがいもを盛りつける。あれば、グリーンピースの葉、赤バジルの葉を飾る。

 Secret recipe 秘密のレシピ

クリームチーズは、「フィラデルフィアクリームチーズ」を使用しています。クリーミーでコクがありおすすめです。

Gaspacho, mousse de petit pois

ガスパチョとグリーンピースムース

ガスパチョの赤とグリーンピースムースの緑の対比が美しく、
さらに、口に含むとガスパチョの酸味とムースのまろやかさが溶け合って、絶妙な味わいです。
緑黄色野菜がたっぷり入っています。

材料（2人分）

A
- 赤ピーマン…1個
- 赤たまねぎ…1/2個
- キュウリ…1/4本
- セロリの白い部分…約10cm
- にんにく…1片

マリネ液
- オリーブオイル…30ml
- バルサミコ酢…40ml
- 塩、こしょう…各適量

トマト…4個
塩、こしょう…各適量
たまねぎ…1/2個
グリーンピース…100g
バター…大さじ1
生クリーム…10ml
赤バジルの葉…適宜

下準備

○野菜のマリネを作る。

1 Aをすべてみじん切りにする。

2 ボウルにマリネ液の調味料を入れてよく混ぜてから、1を入れ、ラップフィルムなどでふたをして冷蔵室で一晩漬ける。

作り方

1 トマトは湯むきしてから細かく切る。

2 野菜のマリネと1をフードプロセッサーでスープ状にし、塩、こしょうで味をととのえたら、冷蔵室で冷やしておく。

3 たまねぎを薄切りにする。フライパンにバターを熱し、グリーンピースとたまねぎをさっと炒める。ひたひたの水（分量外）を入れ、やや強火で5～6分煮てグリーンピースの中まで火を通す。塩、こしょうで味をととのえ、火からおろして粗熱をとる。

4 3の具だけをフードプロセッサーで撹拌する。フライパンの煮汁を、状態を見ながら少しずつ加え、かためのクリーム状に仕上げる。

5 4を裏ごししてグリーンピースの皮をとり除く。その後、1～2時間冷蔵室に入れて冷やす。

6 生クリームを角が立つぐらいにかために泡立て（9分立て）、冷やした5と混ぜる。

7 2のガスパチョをスープ皿に盛り、6のクリームを絞り出し袋などに入れてスープの中央に絞り出す（スプーンでのせるだけでもよい）。あれば赤バジルの葉を飾る。

Secret recipe　秘密のレシピ

グリーンピースのムースは、パンにぬってタルティーヌにしたり、カナッペにしたり応用が効きます。裏ごしは少し手間ですが、なめらかな舌触りのためには欠かせない作業です。

Miss Lunch

ミス・ランチ

目の前が市場
好立地な料理自慢のカフェ

歩いて2～3分のところに食材の宝庫・ダリーグル市場があるという、最高の環境に恵まれたカフェ。市場見学を企画したり、市場で仕入れた食材で料理教室を定期的に開催したりするなど、立地をいかした新しい食生活の提案を行っているのもユニークです。メニューは前菜、メイン、デザート各2品ずつを週替わりで用意。料理上手なグランマが作るような、なつかしいフランス家庭料理の味で、お値段もお手頃とあって3年前にオープンしてまだ日は浅いものの、多くの常連客が通い詰めています。常連さんに人気メニューを2品教えていただきました。

オープンキッチンで料理を作る姿が見えるので、料理を待っているあいだも楽しめるのがうれしい特徴です。

シェフは美術大学卒業のアーティスト

Access

3 rue Antoine Vollon Paris 12
電話：01 53 33 03 59
営業：水曜・土曜 12時30分～14時30分
（土曜は15時ごろまで）
木曜～金曜 12時30分～14時30分
20時30分～21時30分
メトロ：8番線 Ledru-Rollin下車
http://www.lunchintheloft.com

シェフが厳選したオイルや塩、調味料も販売しています。

ユニークなイラストが迎えてくれます。

Guanciale de Porc, raisins, sauge, crème d'épeautre

スペルト小麦のクリーム煮 豚のグアンチャーレのせ

グアンチャーレとは、パンチェッタよりも脂身が多い、
豚ほほ肉で作られたイタリア中部産のベーコンです。
スペルト小麦のクリーム煮の上にのせてトースターでこんがり焼くことで、
脂がジワジワと下にしみて、おいしい一皿に仕上がります。

スペルト小麦のクリーム煮 豚のグアンチャーレのせ

材料（2人分）
スペルト小麦…50g
水(a)…500ml
バター…25g
スペルト小麦粉…50g
※薄力粉で代用可
水(b)…約100ml
野菜のコンソメスープの素…1/3個（4g）
※ここでは1個12gのものを使用
粗塩（あればフルール・ド・セル）、
こしょう…各適量
生クリーム…大さじ2
卵黄…1/2個分
乾燥オレガノ…大さじ2
イタリアンパセリ…2株
セージ…2枚
黄色レーズン…大さじ1
※サルタナレーズンで代用可
甘口のリキュールワイン…大さじ2
※コニャックで代用可
リンゴ酢またはワインビネガー…大さじ1.5
グアンチャーレのスライス…6枚
※パンチェッタで代用可

作り方
1 スペルト小麦を煮る。鍋に水(a)を入れて沸騰させ、スペルト小麦を入れる。再度、沸騰したらふたをして弱火で30分煮る。煮えたらふたをしたまま約10分蒸らす。
2 鍋にバターを入れて温め、バターが溶けたらスペルト小麦粉を入れて炒め、さらに1を水気を切って加えて中火で1～2分よくかき混ぜる。
3 別の鍋に水(b)を温め、野菜のコンソメを入れて溶かし2の鍋に入れて弱火で5分煮る。
4 スープにとろみがついたら、粗塩、こしょう、生クリーム、卵黄、オレガノを入れて混ぜ合わせ、すぐに火からおろす。
5 イタリアンパセリ、セージをみじん切りにし、4に入れて混ぜる。
6 黄色レーズンをボウルに入れ、リキュールワインと酢を入れて混ぜる。
7 5に6を混ぜて、耐熱容器に移す。グアンチャーレを3枚ずつのせてオーブントースターの1000Wで約10分焼く。

 Secret recipe 秘密のレシピ

グアンチャーレはイタリア食材店などでなるべく良質のものを入手しましょう。パンチェッタでもおいしくできます。

Point レーズンは食材として活躍

パリでは人気のクスクス料理のほかに、デザートやサラダなどの食材にレーズンがよく使われます。ここで使用しているのは、トルコ産の黄色レーズン「スミールヌ(Smyrne)」です（写真右）。  ほかにスペイン産のマスカット種で赤茶色の「マラガ(Malaga)」（写真左）もよく使われます。

Truites tressées sauté
編んだマスのソテー

マスの切り身を細く切って編むことで、見た目が美しくなると同時に火の通りもよくなり短時間で魚に火を通すことができます。ハーブ入り自家製マヨネーズが淡白なマスの味を引き立てます。

下準備
○オーブンを200度に温める。
○マス、卵黄は室温に戻しておく。

作り方
1 マスの半身フィレをタテに2等分し、さらに片側1.5cmを残して、タテに2本の切り込みを入れて三つ編みにする。その後、粗塩と白こしょうを表面にふる。

2 天板にアルミホイルをしき、オリーブオイルをぬる。その上にマスを並べ、オーブンで3分焼き、裏返してさらに3分焼く。

3 オーブンから出し、粗熱がとれたら冷蔵室で冷やす。

4 Aのハーブ類をすべてみじん切りにする。

5 マヨネーズの材料の油以外をボウルに入れ、ハンドミキサーで混ぜる。ハンドミキサーをまわしながら少しずつ油を注ぎ、クリーム状にする。

6 5に4のハーブと乾燥タイムを入れて混ぜ、冷蔵室で冷やす。

7 ラディッシュは薄い輪切りに、細ネギは約2mm幅に切る。

8 皿に冷やしておいたマスを盛りつけ、オリーブオイルを上からふりかける。6のマヨネーズも皿にしき、ラディッシュと細ネギを全体に散らす。レモンの輪切りを半分に切って添える。

材料（2人分）
マス（半身フィレ・約550g）…1切れ
※生鮭でも代用可
粗塩、白こしょう…各適量
オリーブオイル…適量
A イタリアンパセリ…1本
　シブレット（チャイブ）…4本
　コリアンダー…1本
　チャービル…1本
　エストラゴン（タラゴン）…1本
　※エストラゴンチップで代用可。その場合はひとつまみ
マヨネーズ
　卵黄…2個分
　粗塩（あればフルール・ド・セル）…小さじ1
　カイエンヌペッパー…小さじ1/2
　レモンのしぼり汁…小さじ4
　マスタード…大さじ2
　ひまわり油、またはグレープシードオイル…360ml
乾燥タイム…小さじ1/2
ラディッシュ…10個
細ネギ…2本
レモンの輪切り…1枚

 Secret recipe 秘密のレシピ

マス、卵黄を室温に戻しておくことが大切です。マヨネーズは市販のものでも代用できますが、その場合は、マヨネーズにカイエンヌペッパー、レモンのしぼり汁、マスタードを加えて味をととのえます。

Le loir dans la théière

ル・ロワール・ダン・ラ・テイエール

お菓子とタルトが自慢の老舗カフェ

店名は『不思議の国のアリス』に出てくるキャラクター「ティーポットの中のヤマネ」からとっています。35年も続くカフェの老舗で、物語に出てくるようなおいしいお菓子が名物です。ランチのメニューは日替わりで、タルト、サラダ、メイン、パスタなど。中でもたっぷりの具と濃厚なソースでいただくタルトは、他では味わえないおいしさで、並んでも食べる価値があります。シェフのミカエルさんから自慢のタルトとかんたんに作れるパスタのレシピをお聞きしました。

80席の店内は常にいっぱいの人。「ティーポットの中のヤマネ」の壁画と、セットになっていない家具が、何とも不思議な雰囲気です。

白い建物にエンジ色の窓枠が目を引く外観。看板にも「ティーポットの中のヤマネ」の絵が描かれています。

アリスの壁画以外の壁は、さまざまなアートポスターが貼られていますが、この雑多な雰囲気が意外に心地よいと人気です。

Access

3 rue des Rosiers Paris 4
電話：01 42 72 90 61
営業：毎日オープン
9時〜19時30分
メトロ：1番線 St-Paul下車
http://www.leloirdanslatheiere.com

前菜からデザートまで、おいしいものがいっぱいですよ

※タルトの作り方はP.76でご紹介しています。

Pâte aux girolles ジロール茸のパスタ

ジロール茸は、ほのかにアンズの香りがするきのこで、日本ではアンズダケと呼ばれているものです。
フランスでは、マッシュルームと同様に、秋には必ず食卓に上る食材です。
火を通しても歯ごたえと香りがしっかり残り、バターやクリームとの相性がばつぐん。
ここでは、きのこの風味を最大限に味わえる塩味のパスタをご紹介します。

ジロール茸のパスタ

材料（2人分）
パスタ（フジッリ）…200g
水…約3ℓ
塩…大さじ3（パスタ用）
パセリ…2本
にんにく…1片
ジロール茸…160g
バター…10g
塩（料理用）、こしょう…各適量
パルミジャーノチーズ（すりおろしておく）
　…大さじ2

作り方
1　大きな深鍋に水を入れ沸騰させ、塩、パスタを入れて約9分（パッケージの表示よりも少し短め）ゆでる。

2　パスタをゆでている間に、パセリの葉とにんにくをみじん切りにし、ジロール茸は汚れをふきとってから薄く切る。

3　フライパンにバターを熱し、にんにく、パセリ、ジロール茸の順に入れ、やや強めの火加減で約2分炒め、塩、こしょうで味をととのえる。

4　1のパスタを火からおろしザルにあげて水気を切ったら、すぐに3のフライパンに入れ、パルミジャーノチーズを加えて約30秒強火で炒める。

5　火からおろして、皿に盛りつける。

Café Column 13
一品メニューの見方
一品料理は、メニュー表（carte・キャート）に記載されており、中を開くと前菜（entrées・アントレ）、メイン（plats・プラ）、デザート（desserts・デセー）、サラダ（salades・サラド）などに大きく分かれ、その下に詳細メニューが記載されています。日本とほぼ同じです。また、「planches・プランシュ（板）」とは、シャルキュトリかチーズの盛り合わせ、「assiettes・アシエット（皿）」とは、何かの盛り合わせの意味です。

Secret recipe　秘密のレシピ
パスタはかためにゆでたほうが歯ごたえがありおいしくいただけます。フライパンでジロール茸を炒めているとき、パスタのゆで汁を大さじ1程度入れても。その場合、味つけの塩は控えめにします。

Point　フランスでよく食べられるジロール茸
黄色くて足が細長いジロール（Girolle）茸は、マッシュルームに次いでフランスでよく食べられているきのこです。ほのかなアンズの香りがあり、バター炒めにしたり、クリーム煮、タルトにしたりして、芳醇な香りを楽しみます。

Café Column 14　フランスの実物野菜はビッグサイズ！

　フランスの野菜、特に実物野菜は日本のものに比べて、大きいのが特徴です。写真中央のナスは長さが25cm、左端のキュウリは40cmもあります。日本の野菜よりも水分が多いため、かんたんにペースト状になります。

　左から2番目と3番目のサツマイモのように見えるのはラディッシュです。左から「ルージュ（赤）」、「ノワール（黒）」で、「ルージュ」は薄切りにしてサラダに、「ノワール」は、辛みがあるので、薄い輪切りにして塩、こしょうやバターをつけて食前酒のつまみにします。ズッキーニやピーマンは生でもクセがなく、サラダに重宝します。おしなべて大きい実物野菜ですが、たまねぎは小ぶり（写真右下）で、もっと小さいエシャロットのほうがフランスではよく使われます。また、野菜と同様にパリで消費量の多いのがハーブで、イタリアンパセリ（写真上）、ミント、コリアンダーは一年を通してフレッシュが出回っています。

緑のトマトは熟すと黄色になります。赤いトマトよりも果肉はかためです。

細長い形のピーマンも、フランスではポピュラーです。肉厚で辛みがなく薄く切ってサラダにしたり、黒くなるまで焼いてから薄皮をむいてマリネなどにします。このような辛みのないピーマンを「poivron（ポワブロン）」、辛みがあるピーマン、日本でいう唐辛子を「piment（ピーマン）」と呼び分けています。

holybelly
ホリーベリー

席数は25席。英語が通じるため、英語圏の人にも人気です。

メニューは毎月仕入れる食材によってすべて変わり、デザートも合わせて常に10種類です。

食べ物と飲み物を表すシンプルな看板が目印

サラさん（左）とマルタンさん（右）。2人のシェフが活躍しています。

日本料理やエスニック料理のテイストを料理にアレンジ

「ホリーベリー」は2つの単語の組み合わせで「聖なるお腹」の意味。シェフのサラさんは、「おいしい料理は食材選びから始まる」ことを信条にしています。野菜や肉は、フランス北部リールなど、パリ近郊の都市から直接買いつけ、魚は竿で釣った新鮮な魚だけを使っているそうです。パリで健康食として注目されて久しい日本料理やエスニック料理にも詳しく、それらをフランス人の口に合うようにアレンジした料理も得意です。パリのヘルシーで体にやさしい料理の最前線がここにあります。

Access
19 rue Lucien Sampaix Paris 10
電話：09 73 60 13 64
営業：木曜・金曜・月曜 9時〜18時
土曜・日曜 10時〜18時
メトロ：4番線
Jacques Bonsergent下車
http://holybel.ly

Rouleau de printemps au bœuf mariné

牛肉の春巻き ピーナッツソース

日本で流行したベトナムの生春巻きは、パリでもすっかりおなじみの料理になっています。
ホリーベリーの生春巻きは、みそとしょうゆで味付けした牛肉が特徴で、
甘辛く香ばしいソースと牛肉を包んだ春巻きがよく合います。
この組み合わせは、経営者の奥様が東南アジア出身ということから発想したものです。

牛肉の生春巻き ピーナッツソース

材料（2人分）
牛薄切り肉…100g
漬け汁
　酒…大さじ2
　しょうゆ…大さじ1
　みそ…小さじ1/2
生春巻きのソース…適量　※作り方は下記参照
春雨…20g
もやし…60g
ニンジン…1本
キュウリ…1本
ゴマ油…大さじ1
ライスペーパー（30cm角）…2枚
サラダ菜…4枚
フライドオニオン（フレーク）…適宜
※市販のものでも可。手作りする場合は下記参照

下準備
○漬け汁の材料を合わせ、牛薄切り肉を15分漬ける。

作り方
1 春雨、もやしは別々にゆでてから冷やして水気を切る。ニンジン、キュウリはせん切りにする。

2 フライパンにゴマ油を熱し、漬け汁に漬けておいた牛肉を強火で火が通るまで焼く。その後、室温で冷ます。

3 ぬらしてしぼった清潔な布巾の上に、ライスペーパーを広げて湿らせる。※霧吹きで水をかけてもよい。

4 3の上に牛肉、春雨、もやし、ニンジン、キュウリ、サラダ菜の順に置いて棒状に巻く。

5 約3.5cmの長さに切って盛りつけ、お好みでフライドオニオンをトッピングする。別の器に生春巻きのソースを入れて添える。

生春巻きのソース

材料（2人分）
ピーナッツ（無塩・煎ったもの）…10粒
にんにく…1/2片
酒…大さじ2
A│豆板醤（トウバンジャン）…小さじ1
　│米酢…大さじ1/2
　│ゴマ油…大さじ1/2
　│ハチミツ…小さじ1/2

作り方
1 ピーナッツを袋などに入れて麺棒などでたたいて細かく砕く。にんにくはすりおろす。

2 小鍋に酒を入れ、強火にして2～3秒沸騰させてアルコール分をとばす。

3 2の鍋にAと1を入れて混ぜる。

フライドオニオン

材料（作りやすい分量）
たまねぎ（大）…1個
薄力粉…大さじ1.5
パプリカパウダー…小さじ1/2
牛乳…大さじ1.5
揚げ油…適量

作り方
1 たまねぎの皮をむき、約2.5mmの輪切りにしてから1つずつほぐしておく。

2 平たいバットに薄力粉とパプリカパウダーを入れて混ぜておく。

3 1のたまねぎを牛乳に浸してから、2に入れて粉をまぶす。

4 180度の油で揚げる。ときどきかき混ぜて5～7分揚げ、きつね色になったらとり出す。

5 紙の上に広げ油を十分に切り、冷めたら好きな大きさに砕く。

Café Column 15 カフェでコーヒーといえばエスプレッソ

1644年、イタリア北部ベネチアの人が、中近東で普及したコーヒーを飲ませる店をマルセイユで始めたのがフランスのカフェ1号といわれています。それから25年、オスマントルコ帝国から派遣された大使ソリマン・アガがルイ14世にコーヒーを紹介したことで一気にブームとなり、コーヒーを提供するカフェは、フランス革命前には、パリ市内に2000軒を超える勢いで増えました。

フランス人にとって、コーヒーといえば小さなカップに入ったエスプレッソです。砂糖を入れて飲むのが一般的ですが、砂糖なしで飲む人も多くいます。カフェ・オ・レは家で朝食として飲むものという認識があるで、カフェで昼や夜にカフェ・オ・レを注文する人はあまりいません。また近年は、一般家庭にエスプレッソマシーンが普及し、家でカフェ並みのコーヒーを楽しむ人も増えています。

※カフェでは普通にコーヒーを注文すると、小さなカップに入ったエスプレッソが出てきます。薄めのコーヒーを飲みたい場合は、「Café allongé（キャフェ・アロンジェ）」と注文しましょう。また、カフェインレスにしたい場合は、「Café déca（キャフェ・デカ）」と、後ろに「déca」をつけます。

コーヒーを一杯お願いします。
Monsieur, un café s'il vous plaît.
ムシュ、アン・キャフェ・シルヴプレ

※紅茶を注文すると…

紅茶を一杯お願いします。
Un thé s'il vous plaît.
アン・テ・シルヴプレ
▶ どんな紅茶にしますか？
Quel thé voulez-vous ? または Qu'est-ce que vous voulez comme thé ?
ケル・テ・ヴレ・ヴ　　　　　　ケスク・ヴ・ヴレ・コム・テ
と聞かれますので、メニューの中から好みの茶葉を選びます。

水をお願いします。
Une carafe d'eau s'il vous plaît.
ユンヌ・カラフ・ド・シルヴプレ

※水は一般にお願いしないと持ってきてはくれませんので、無料の水がほしい場合はこのように頼みます。ミネラルウォーターは有料です。

Burratina crémeuse, salade de quinoa rouge, petit pois, asperge et huile de basilic

ブッラータチーズと赤キヌアのサラダ バジルドレッシング

ブッラータチーズとは、モッツァレッラチーズの中に生クリームを入れたやわらかいチーズです。ここでは赤キヌアサラダの上にのせます。ドレッシングは、最近パリで流行のハーブオイルの中からバジルオイルを使って作ります。バジル風味のサラダとナチュラルチーズのまろやかさが溶け合う、朝食におすすめの一皿です。

材料（2人分）

赤キヌア…100g　※そばの実でも可
水…300ml
グリーンアスパラ…6～8本
グリーンピース…60g
エシャロット（小）…2個
※たまねぎで代用する場合は中1個
バジルオイルドレッシング
　レーズン…適量
　粒マスタード…小さじ2
　ライムのしぼり汁…1個分
　※柚子でも可。その場合はしぼり汁…大さじ2
　塩…小さじ1/2
　バジルオリーブオイル…大さじ6
　※お好みのハーブオイル、
　または普通のオリーブオイルでも可
ブッラータチーズ…1個
※詳細はP.109。モッツァレッラチーズで代用可
ミックス種…適宜
※ひまわりの種、かぼちゃの種、
ゴマなどをミックスしてミキサーで細かくしたもの
ベビーリーフ、バゲット…各適宜

下準備

○バジルオイルドレッシングを作っておく。

1 レーズンを細かく切る。
2 ボウルに**1**を入れて粒マスタードとよく混ぜる。
3 ライムのしぼり汁と塩を加えて混ぜる。かき混ぜながらバジルオリーブオイルを少しずつ注ぐ。

作り方

1 赤キヌアを炊く。鍋に水を入れて、沸騰させ赤キヌアを入れる。再び沸騰したらふたをして弱火で約20分炊き火を止め、そのまま約10分冷ます。その後かき混ぜる。

2 グリーンアスパラは根元のかたい部分とはかまをとり、5mm程度に切ってから、さっとゆでる。グリーンピースも別にゆでる。どちらもゆであがったらすぐに冷水をかけて水気を切る。エシャロットはみじん切りにする。

3 **1**をボウルに移し、**2**を加えて混ぜる。さらにバジルオイルドレッシングをかけて、さっと混ぜる。

4 **3**を皿に盛りつけ、中央にブッラータチーズをのせる。お好みでベビーリーフを飾り、ミックス種を振りバゲットを添える。

 Secret recipe　秘密のレシピ

キヌアの代わりにそばの実もおすすめです。その場合、ドレッシングの材料のライムは柚子に代えたほうが合います。ミックス種は余ったら、密閉容器や密閉袋に入れて保存しておくと1～2カ月ぐらいもちます。ヨーグルトやアイスクリームなどデザートのトッピングにも使えて便利です。

Chez Vous
シェ・ヴ

身近な食材を
想像を超える味わいに進化

富裕層の住まいが多いパリ9区。その中心にたたずむ「シェ・ヴ」は、住人たちの少し贅沢な舌に応えるために、シェフのギヨームさんが、2日に一度フレッシュで良質な食材を仕入れています。特徴は、肉や卵、魚介、チーズなど、パリの人々が身近に感じる食材を使いながら、家庭では味わえないプロならではの美しい料理と味わいを作り出していること。「一度行ったら必ずまた足を運びたくなる」と評判です。ブルジョワの舌を魅了したリッチな味をお試しください。

古い木のテーブルと椅子が、落ち着いた空間を作っています。

「シェ・ヴ」は「あなたの家」という意味です。

レトロな建物の1階にあります。

Access
15 rue Choron Paris 9
電話：01 42 81 00 71
営業：月曜 10時〜15時 19時〜24時
　　　火曜〜日曜 10時〜24時（翌2時までの日もあり）
メトロ：12番線 Notre-Dame de Lorette下車
http://www.chezvous-bar.fr

パリの「おいしい」がここにあります

Piquillos farci au fromage frais E mozzarella di Bufala

赤ピーマンのファルス シェーブルチーズ詰め

ファルスは詰め物という意味で、フランス・バスク地方の
「エスペレット」という赤ピーマンを使った伝統料理です。
中に詰めるシェーブルチーズ（ヤギのフレッシュチーズ）も
バスク地方のものを使いますが、フロマージュ・ブランや
リコッタチーズでも代用できます。前菜にぴったりの美しい一品です。

赤ピーマンのファルス シェーブルチーズ詰め

材料（2人分）

赤ピーマンのオイル漬け
- 赤ピーマン…4個
  ※赤パプリカで代用可
- 塩、こしょう…各適量
- オリーブオイル…約200ml

シブレット（チャイブ）…4〜6本
シェーブルチーズ（ヤギのフレッシュチーズ）…150g
※フロマージュ・ブラン、リコッタチーズで代用可
塩、こしょう…各適量
オリーブオイル…大さじ4〜6
モッツァレッラチーズ…1/2個
ラディッシュ…2〜4個
ルッコラ…12〜14枚
エスペレットパウダー…適量
※パプリカパウダーで代用可
バジルソース…適量
※市販のもので可。手作りする場合は右記参照

下準備

○赤ピーマンのオイル漬けを作る。
（前日に仕込んでおく）

1 ガス台に焼き網をのせ、赤ピーマンをまわしながら焼く。または180〜200度のオーブンで25〜30分焼く。まわりの皮が焦げたら、すぐに耐熱のジッパーつきフリーザーバッグに入れて密閉し、そのまま冷めるまで約1時間ほどおいてから皮をむく。

2 1のヘタと種をとり除き、バットなどに並べ、塩、こしょうをふり、オリーブオイルをひたひたに浸す。

3 2にラップフィルムをかけて冷蔵庫に入れて1日漬ける。

○オーブンを200度に温める。

作り方

1 シブレットをみじん切りにする。

2 シェーブルチーズは、1cm角に切ってボウルに入れ、塩、こしょうをふり、オリーブオイルであえる。
※フロマージュ・ブラン、リコッタチーズで代用するときは、塩、こしょうのみ混ぜ合わせる。

3 油を切った赤ピーマンのオイル漬けに2を詰める。

4 モッツァレッラチーズを5mmの厚さに、ラディッシュは薄切りに、ルッコラは1/3程度の長さに切る。

5 皿に3をのせ、その上にモッツァレッラチーズ、ラディッシュをのせ、エスペレットパウダーをふる。バジルソースをまわりに添え、ルッコラをちらす。

バジルソース

材料（作りやすい分量）

バジルの葉…6〜8枚
にんにく…1片
オリーブオイル…大さじ1.5
塩、こしょう…各適量

作り方

1 バジルの葉とにんにくを粗みじん切りにする。

2 1とオリーブオイルをミキサーにペースト状になるまでかける。塩、こしょうで味をととのえる。

 フランスで楽しむスペインの味

エスペレットパウダーは、スペインとの国境にまたがるバスク地方のエスペレット村でとれる赤ピーマンから作られています。辛みが少なく、フランス料理では高価なサフランの代わりに色づけとしてよく使われます。

Café Column 16　フランスはチーズ天国

「250種類以上もフロマージュ（チーズ）がある国の人を、どうして統治できようか」と、自由フランス運動（第二次世界大戦時）の指導者シャルル・ド・ゴールに言わせたほどフランスのチーズは豊富です。現在350〜400種あり、どれも高級食材として位置づけられています。カフェやレストランで盛り合わせを頼むと必ずパンとナイフも一緒に出てくるので、ナイフで食べたい量のチーズを自分の皿にとり、小さくちぎったパンの上にチーズをのせて一口でいただくのがマナーです。塩気のあるブルーチーズ以外、パンにバターはぬりません。

牛乳を煮て作ったチーズ

手前：エメンタール(emmental)。クセがないチーズです。主に削ってグラタン、キッシュ、クロックムッシュなどの料理に使います。右奥：コンテ(comté)。フレッシュなタイプと熟成させたタイプがあります。写真は2年寝かせたもので、古いほど味が濃くなります。左奥：グリュイエール(gruyère)。濃厚な味わいとフルーティーな香りがあり、エメンタール同様に削って料理に使います。

生乳から作ったチーズ

奥：ブリ(brie)。カマンベールと同じ製法で作るチーズですが、カマンベールよりクリーミーです。左：ヤギのブルーチーズ。牛乳のチーズが大半を占めるなかで、近年、ヤギや羊の乳で作ったチーズの人気が高まっています。このブルーチーズも同様です。古いものほど塩気が強いので、バターをつけたパンと食べます。右：ポン・レベーク(Pont-l'évêque)。ノルマディー地方のウォッシュチーズです。外側を塩水で洗いながら熟成させていくチーズで、一般にまわりはオレンジ色で香りが強く、独特のクセがありますが、赤ワインとの相性がばつぐんです。手前：トム・ド・サヴォワ(Tomme de Savoie)。サヴォア産の高級チーズ。まわりの乾燥した部分に深い味と香りがあり、中身と一緒に味わうと素晴らしい風味が口に広がります。

ブッラータチーズ

フランスでモッツァレッラチーズといえば水牛の生乳から作ったものです。ただし、たいへん高価でなかなか庶民の食卓には上りません。そこで近年登場したのがこのブッラータチーズです。普通の牛乳で作り、生クリームを混ぜてコクを出しています。

シェーブルチーズ

ヤギの乳を使用するシェーブルチーズは、山岳地帯のものがおいしいといわれています。「フレッシュ(生)」「デュミ・セック(セミドライ)」「セック(ドライ)」と乾燥状態によって種類が分かれています。P.107で使っているのは「フレッシュ」です。

Oeuf mollet Croustillant pané, crème de champignons et parmesan

マッシュルームのクリームスープ 揚げ卵のせ

揚げた半熟卵をくずし、トロリとした黄味とともにいただくクリームスープです。
香り高いマッシュルームのスープととろけた黄味が口の中で混ざり合い、
濃厚な味わいになります。秋に味わう、とっておきのごちそうスープです。

材料（2人分）

卵…2個
オリーブオイル(a)…大さじ2
エスペレットパウダー…小さじ1/2
※パプリカパウダーで代用可
マッシュルーム…500g
※シイタケで代用可
エシャロット…2個
※たまねぎで代用可。その場合は中1個
バター…大さじ2
チキンコンソメスープの素…1個(12g)
※ここでは1個12gのものを使用
水…400ml
生クリーム…200ml
塩、こしょう…各適量
卵白…1個分
薄力粉…大さじ1
パン粉(細かく砕いたもの)…適量
揚げ油…適量
パルミジャーノチーズのスライス…6～8枚
オリーブオイル(b)…適宜

下準備

○卵は冷蔵庫から出して室温に戻しておく。

作り方

1 鍋に湯を沸かして卵を入れ、5分ゆでてから氷水に入れて冷やす。冷えたら殻をむいておく。

2 マッシュルームのクリームスープを作る。まず、鍋にオリーブオイル(a)とエスペレットパウダーを混ぜる。

3 マッシュルーム、エシャロットを薄切りにする。2の鍋にバターの2/3量を入れて火にかけ、マッシュルームの2/3量とエシャロットを入れ、中火で水分が出るまで約10分炒める。

4 3の鍋に水、チキンコンソメスープの素を入れて溶かす。生クリームを入れ、弱火にして30分煮る。塩、こしょうで味をととのえて火からおろし、粗熱がとれるまで冷ます。

5 4をミキサー、またはフードプロセッサーにかけてクリーム状にする。

6 フライパンを温め、バターの残りと、マッシュルームの残りを入れて中火で炒め、塩、こしょうで味をととのえる。

7 卵白をボウルに入れて溶きほぐす。1のゆで卵に薄力粉を薄く全体につけてから卵白をからめ、パン粉を全体にまぶす。

8 揚げ油を低温150～160度に温め、7を入れて2～3分揚げて、ザルなどにとって油を切る。

9 スープ皿に5を注ぎ、中央に6を盛りつけて8の卵をのせる。

10 パルミジャーノチーズをちらし、お好みでエスペレットパウダー（分量外）をふり、スープの上にオリーブオイル(b)をたらす。

 Secret recipe 秘密のレシピ

マッシュルームがおいしい季節の人気メニューです。ほうれん草やグリーンピース、カボチャなど季節ごとにスープの食材を変えてお楽しみください。卵を揚げるときに油が熱いと卵が破裂するので注意。弱火で約20分温めると150～160度になります。

Gambas rôties au miel et sésame, riz basmati safrané, roquette et agrumes

エビのゴマハチミツ焼きとサフランライス

サフラン風味のごはんと甘いエビが意外にもよく合う、鮮やかな彩りが食欲をそそる一品です。エビにまぶした白ゴマの香ばしさもポイント。添えるフルーツは、柑橘類がおすすめです。

材料（2人分）
- タイ米…60g
- エビ…10尾
- 塩(a)…適量
- ルッコラ…2株（30g）
- オレンジ…4房
- グレープフルーツ…2房
- 水…120㎖
- サフラン…ひとつまみ
- 塩(b)…適量
- 薄力粉…適量
- オリーブオイル…適量
- ハチミツ…大さじ1
- 白ゴマ…小さじ1

下準備
○タイ米はさっと洗い30分程度水に浸けておく。

作り方
1 エビは殻をむき、背ワタをとってキッチンペーパーなどで水気をとり、薄く塩(a)をふる。

2 ルッコラは洗ってから約5㎝の長さに切る。オレンジとグレープフルーツは薄皮をきれいにむいておく。

3 タイ米を炊く。深鍋に水を入れ、サフランと塩(b)を入れて沸騰させ、水に浸けておいたタイ米を入れる。最初は強火で、沸騰したら中火にして10〜15分炊く。

4 1のエビの表面に薄く薄力粉をまぶし、フライパンにオリーブオイルを熱し、強火で焼く。エビに火が通って赤くなりまわりがカリッとしたら皿などにとり出し、熱いうちにハチミツ、白ゴマ、ルッコラを入れてあえる。

5 3を皿に盛り、4をのせ、オレンジとグレープフルーツを飾る。

 Secret recipe 秘密のレシピ

タイ米は、火がようやく通ったぐらいのパラパラの状態で火を止めるのが、おいしく炊き上げるコツです。炊きすぎるとベタベタになってしまうので注意。

La Tartine

ラ・タルティーヌ

古きよきパリを味わえる老舗のクラシック・ビストロ

歴史を感じさせる建物の1階の真っ赤なオーニング（日よけ）がトレードマークの「ラ・タルティーヌ」は、パリのカフェを語るうえで欠かせないお店です。1936年に誕生し、多くの著名人がここで食事を楽しんできました。ロシアの革命家レフ・トロツキーも常連だったそうです。ランチタイムに限らず常ににぎわっているのは、常連さんだけでなく、観光客も気軽に入りやすいから。時代を越えてシェフたちが受け継いできた、クラシックなパリの味を教えていただきました。

建物は、重要文化財に指定されています。

「タルティーヌ」とは、バターやジャムをぬったパンのことです。最もフランス的な朝食になぞらえて、最もフランス的なカフェを目指しています。

パリのカフェといったらまずはココ！

外テーブルなら、おいしい食事をいただきながら、パリの町をのんびりながめられます

Access

24 rue de Rivoli Paris 4
電話：01 42 72 76 85
営業：月曜〜土曜 8時〜24時
　　　日曜 11時〜23時
メトロ：1番線 St-Paul下車
http://www.latartineparis.fr

Chou farci d'Auvergne

オーベルニュ風 シューファルス

シューはキャベツ、ファルスは詰め物という意味。
フランス流のロールキャベツといえばイメージしやすいかもしれません。フランス中南部
オーベルニュ地方の郷土料理ですが、フランス映画『大統領の料理人』にも出てきたことで、
近年、とても知名度が上がりました。本来はキャベツを丸ごと使いますが、
「ラ・タルティーヌ」では、キャベツの葉を2枚使って一人分のかわいいボール形にまとめます。

オーベルニュ風 シューファルス

材料(2人分)
- バゲット…約10cm
- ※かたくなったものでOK
- 牛乳…適量
- キャベツの葉…4枚
- 水…1ℓ
- 塩…大さじ1
- 豚ひき肉…250g
- にんにく…2片
- パセリ…4本
- 塩、こしょう…各適量
- オリーブオイル…大さじ1
- ミニトマト…8個
- トマトソース…適量
- ※市販のものでも可。手作りする場合は下記参照
- イタリアンパセリ…適宜

下準備
- ○オーブンを180度に温める。
- ○バゲットは小さく切って器に入れ、牛乳をひたひたに注いで浸しておく。

作り方
1. キャベツの葉は芯を薄くそぎとる。鍋に水を入れて沸騰させ、塩を入れ、キャベツを入れて約5分ゆで、ザルにあけて水気を切る。
2. ボウルに豚ひき肉を入れ、牛乳に浸してやわらかくしたバゲット、みじん切りにしたにんにくとパセリを入れて、手でよくこねる。塩、こしょうを加えてさらに混ぜる。
3. キャベツの葉1枚を4等分にし、間に2を厚めにぬって4層のサンドイッチのように重ねる。残しておいたもう1枚で丸く包む。
4. 3を深めの耐熱容器に入れ、さらに器よりも一回り大きいバットに入れ、容器の約1/4まで水(分量外)を注ぎオーブンで約40分焼く。焼けたら粗熱をとる。
5. 焼いている間にフライパンにオリーブオイルを熱し、ミニトマトを強火で2〜3分炒める。
6. 皿に4のファルスを盛りつけて5をまわりに飾り、トマトソースをかける。あれば飾りとしてイタリアンパセリをのせる。

> **Secret recipe**　　　秘密のレシピ
>
> ファルスのつなぎのバゲットは、卵1個に代えてもおいしくできます。

トマトソース

材料(2人分)
- ニンジン(大)…1本
- セロリ…1本
- たまねぎ…1個
- にんにく…1片
- オリーブオイル…大さじ2
- 白ワイン(辛口)…100mℓ
- トマト(ホール缶)…1/2缶(200g)
- 砂糖…大さじ1
- タイム…1本
- ローリエ…1枚
- 塩、こしょう…各適量

作り方
1. ニンジン、セロリ、たまねぎ、にんにくをみじん切りにする。
2. 鍋にオリーブオイルを熱して強火で1をさっと炒める。
3. 2に白ワインを注ぎトマト、砂糖、タイム、ローリエを加え、最初は強火で、煮立ったら弱火にして約30〜40分、トロリとなるまで煮込む。塩、こしょうで味をととのえる。

※1日前に作っておくと、味がなじんでおいしくなります。

Gratin Dauphinois
ドフィノワ風 ポテトグラタン

フランス南東部のドフィノワ地方発祥のじゃがいものグラタンです。
家庭ではアレンジしてチーズや卵を加えたりしますが、「ラ・タルティーヌ」のレシピは、
正統派グラタン・ドフィノワです。店ではリヨン産サボデ・ソーセージを添えますが、
お好みのソーセージと合わせてください。

材料（2人分）
じゃがいも…400g
生クリーム…400ml
塩、こしょう…各適量
にんにく…1片
ナツメグ…小さじ1/3
ソーセージ…160g
ラディッシュ、イタリアンパセリ…各適宜

下準備
○オーブンを220度に温める。

作り方
1 じゃがいもの皮をむき、薄い輪切りにし、両面に軽く塩とこしょうをふる。
2 生クリームをボウルに入れ、塩、こしょうを入れて混ぜる。
3 にんにくは皮をむいて半分に切り、高さ3～4cmの耐熱容器（ココット皿など）の内側に切った面をすりつけ、つぶすようにぬる。
4 1のじゃがいもを耐熱容器に1切れおき、2の生クリームをひたひたにかける。さらにその上にじゃがいもを1切れのせ、2の生クリームをかける。これをじゃがいもがなくなるまで繰り返す。最後にナツメグをふり残りの生クリームを注ぐ。
5 4の上をアルミホイルでおおってオーブンに入れて30分焼く。その後、アルミホイルをとってさらに10分焼く。
6 皿に5を盛り、焼いたソーセージをまわりに並べ、お好みでラディッシュとイタリアンパセリを飾る。

 Secret recipe 秘密のレシピ

店では大きい耐熱容器で大量に作りケーキのように正方形にカットして皿に盛りつけています。ご家庭でも、パーティーなど人数が多いときは大きい耐熱容器で作ってください。ラムのステーキや白身魚のソテーにも合います。

monsieur.
ムシュ

壁一面に並んだワインが壮観。

ランチタイムの日替わりメニューは、値段も手頃で人気です。

季節に合わせて3カ月に一度、メニューが変わります

赤と白のオーニング（日よけ）と赤と白にペイントした椅子が目印です。

ワインと料理のマリアージュをとことん楽しむ店

サラミなどの加工肉が吊り下がり、ハム用の豚もも肉がそのままの状態で置かれ、壁にはワインがズラリと並んでいます。店名の「ムシュ」は、男性に呼びかける言葉。仕事帰りや仕事の合間に「おいしいワインと料理をどうぞ！」というディスプレイの誘惑にかられるのは男性だけではないようで、50席もある席は常に老若男女の客で満席です。3カ月に一度メニューは代わり、その季節にいちばんおいしい食材を使って、ワインに合う料理を提供しています。シェフのマキシムさんに、ワインにぴったりの2品をご紹介いただきました。

Access
80 Bd Richard Lenoir Paris 11
電話：01 48 06 74 85
営業：毎日オープン 9時〜24時
メトロ：5番線 Richard Lenoir下車
http://www.restaurantmonsieur.com

St-Jacques Risotto au safran

ホタテ貝とクリームソースのリゾット ハモン・セラーノ添え

ふっくらとしていて甘みがあるホタテ貝柱を、サフラン風味の
リゾットとともにいただく料理です。味のアクセントに
添える燻製ハムは、店ではスペイン産イベリコ豚で作る
ハモン・セラーノを使用しています。薄く切って
カリカリに焼くのがポイント。辛口の白ワインと一緒に。

ホタテ貝とクリームソースのリゾット ハモン・セラーノ添え

材料（2人分）

たまねぎ…1/2個
バター…10g
イタリア米…200g
白ワイン…カップ1/2
野菜のコンソメスープの素…1/2個（6g）
水…250㎖
パルミジャーノチーズ
　（すりおろしたもの）…30g
ハモン・セラーノの薄切り…4枚
ソース
　│ 生クリーム…400㎖
　│ サフラン…ひとつまみ
　│ 塩、こしょう…各適量
ホタテの貝柱…10個
塩、こしょう…各適量
オリーブオイル…大さじ2
シブレット（チャイブ）…2本
イタリアンパセリ…適量
フルール・ド・セル…適量　※粗塩で可

下準備

○オーブンを150度に温める。

作り方

1 たまねぎをみじん切りにする。鍋にバターを入れ、たまねぎを炒め、イタリア米を加えて中火で米が透明になるぐらいまで炒める。

2 白ワイン、野菜のコンソメスープの素、水を入れ混ぜて14〜15分、中火で水分がなくなるまで煮る。

3 2を火からおろし、パルミジャーノチーズを加えて混ぜる。

4 天板にアルミホイルをしき、ハモン・セラーノを並べる。その後オーブンに入れ50分焼いてカリカリにする。

5 ソースの材料を鍋に入れ、沸騰したら弱火にして約20分、とろみがつくまで煮る。

6 ホタテの貝柱は、両面に軽く塩とこしょうをふる。フライパンにオリーブオイルを熱し、強火でホタテの両面がこんがり色づくまで焼く。

7 3のリゾットをセルクルなど丸い型に詰めてから、皿の中央にのせる（そのまま盛りつけてもよい）。その上にホタテの貝柱をのせ、間にハモン・セラーノをはさむ。5のソースをまわりにかけ、刻んだシブレットをふり、イタリアンパセリの葉を飾る。さらにフルール・ド・セルを上から全体にパラリとふる。

 Secret recipe　　秘密のレシピ

イタリア米の煮る時間や火力は、イタリア米の品種やコンロの火力によって微妙に違うので、適宜調節してください。時々かき混ぜて焦げないようにします。ハモン・セラーノを焼くときもご家庭のオーブンに合わせて焦げないように調節しましょう。フッ素樹脂加工のフライパンで焼いてもOKです。

Un œuf parfait à la crème de Comté

コンテチーズクリームと卵のパルフェ

コンテチーズとは、フランス東部コンテ地方産の熟成チーズで、コクがあり旨みが凝縮されたチーズです。熱で溶ける性質を利用し、クリーム状にして卵と合わせました。かんたんにできて体の温まる一品です。カリカリに焼いたバゲットにのせて召し上がれ。

材料（2人分）
卵…2個
生クリーム…400mℓ
コンテチーズ（P.109参照）…80g
※エメンタールチーズ、
グリュイエールチーズで代用可
チャービル…2〜3本

下準備
○卵は室温に戻しておく。
○オーブンは185度に温めておく。

作り方

1 鍋に水（分量外）を入れて沸騰させ、卵を静かに入れて2分ゆで、卵を鍋からとり出す。氷水に入れて冷やす。冷えたら、卵の上のほうの殻をむき、小さなスプーンで卵黄をそっととり出して耐熱容器に入れる。その後、卵白もスプーンですくいとって耐熱容器に入れる。
　※ポーチドエッグを作ってもOK

2 鍋に生クリームを入れて沸騰したら弱火にして約20分煮る。

3 コンテチーズを細かく刻み、2に入れ混ぜ、チーズが溶けたら火を止める。

4 1に、3のクリームをかけ、オーブンで表面にうっすらと焦げ目がつくまで5分焼く。

5 4の上にチャービルをちぎってのせる。

Secret recipe　　　秘密のレシピ

卵は、あとでオーブンで焼くのでゆですぎないようにするのがコツです。コンテチーズが手に入らない場合は、代用のチーズでも十分においしくできますが、コンテチーズを使うと味にコクが出ます。

Bataclan Café

バタクラン・カフェ

建物は中国の影響を受けたシノワズリースタイルで、ボルテール大通りに面して建っています。1階にカフェと劇場があります。

パリのソウルフードを味わえる老舗カフェ

「バタクラン・カフェ」は、ロック音楽、現代アートを発信するカフェとして、1864年にオープンしました。時代を経た今も、パリジャン、パリジェンヌが深夜まで食べて飲んで語り明かせるカフェとして不滅の人気を誇っています。質の高いサービスと味が評判で、20代の若者から60代以降のシニアまで、世代を問わずファンが多いのも特徴です。そんな老舗のメニューの中から、2品のレシピをご紹介します。純粋なパリのソウルフードをご堪能ください。

重厚感ある内装にも歴史を感じることができます。

Access

50 Bd. Voltaire Paris 11
電話：01 49 23 96 33
営業：月曜〜水曜 8時〜24時
　　　木曜〜日曜 8時〜翌2時
メトロ：5番線 Oberkampf下車 4番出口
http://www.bataclancafe.fr

隣りが劇場です

Saumon rôti à la ciboulette, crème d'oseille riz

シブレットのサーモンソテー スイバクリーム添え

スイバは、日本ではスカンポとも呼ばれる山野草の一種です。
フランスでは、古くから野菜として栽培され、スープやサラダ、
肉料理のつけ合わせなどに使われています。スイバの酸味がサーモンの旨みを引き立てます。

シブレットのサーモンソテー スイバクリーム添え

材料（2人分）

スイバクリーム
- エシャロット（小）…4個
  - ※たまねぎで代用する場合は中2個
- スイバ…2束
  - ※ほうれん草で代用可。その場合は1束
- オリーブオイル…大さじ2
- 白ワイン…50㎖
- 水…10㎖
- 生クリーム…40㎖
- 塩、こしょう…各適量

生鮭（ソテー用切り身）…2切れ
粗塩…適量
オリーブオイル…大さじ2
シブレット（チャイブ）…6本
ミニトマト…4個
レモン…1/2個
ご飯…茶碗2杯分
シブレット（チャイブ）…適宜
バルサミコ酢…適宜

下準備
○オーブンを220度に温める。

作り方

1 スイバクリームを作る。エシャロットを薄切りにして、スイバは3〜4㎝の長さに切る。

2 鍋にオリーブオイルを入れ、エシャロットを中火で2〜3分炒める。

3 スイバ、白ワインを加えて汁がなくなるまで煮る。

4 3に、水を加えて水分がなくなるまで煮たら、生クリームを加え、とろみがつくまで火を通し、塩、こしょうで味をととのえる。

5 4を火からおろし、粗熱がとれてから、ミキサーにかける。

6 サーモンソテーを作る。生鮭の切り身の表面に粗塩をふり、シブレットをみじん切りにしてのせる。天板にオリーブオイルをひき、生鮭をのせ、ミニトマトも置いて約10分焼く。

7 鮭を焼いている間に、レモンをくし形に切る。

8 焼き上がった鮭とご飯を皿に盛りつけ、刻んだシブレットをふる。ミニトマトとレモンを添え、お好みでバルサミコ酢を煮詰めたソースを皿にしく。スイバクリームは別の器に入れて添える。

 Secret recipe 秘密のレシピ

スイバは酸味があるので、生クリームの量を加減してお好みの酸味に調節してください。ほうれん草で代用するときは、レモン汁を少量入れて酸味を加えるとスイバの風味を再現できます。

Café Column 17　カフェはテラス席がだんぜん人気！

パリのカフェの風景といえば、この「バタクラン・カフェ」もそうであるように、通りに面したテラス席です。店内は禁煙にしているところが多いため、たばこと日光浴が大好きなパリっ子たちのためにほとんどのカフェがテラス席を設けています。昼間は苦いコーヒーをゆっくり飲んで、暖かいお日様の光を浴び、夜は、ワインを飲み夜の町を眺めながら深夜までワイワイと友人と語り明かす、そんなパリっ子たちのライフスタイルをカフェのテラス席で体験してみてはいかがでしょう。

Tomate farcie au saumon

鮭缶のトマト・ファルス

トマトを器にして、ナス、ピーマンなどの野菜をたっぷり詰めたファルスは、サラダ感覚でいただくヘルシーな一品です。鮭缶を使うので短い時間ででき上がります。

材料（2人分）
トマト（大・直径10cm）…1個
※トマト（中）で代用する場合は2個。
鮭缶…汁を除き110g
キュウリ…1/2本
パセリ…3本
オリーブオイル…大さじ1
塩、こしょう…各適量
ヴィネグレットソース…適量
※市販のフレンチドレッシングで可。
手作りする場合は下記参照
バルサミコ酢…適宜

ヴィネグレットソース

材料（2人分）
マスタード…大さじ2
塩…適量
ワインビネガー…大さじ1
オリーブオイル…大さじ6

作り方
1 ボウルにマスタードと塩を入れよく混ぜる。
2 1にワインビネガーを入れてよく混ぜる。
3 2にオリーブオイルを分離しないように少しずつ加えながら乳化させ、混ぜ合わせる。

作り方

1 トマトは、くし形に3等分したらヘタをとって中身をくりぬく。
※トマト（中）で代用する場合は、3等分しないで中身をくりぬく。
くりぬいた中身はザルなどにあけ水分をとってから、みじん切りにする。鮭缶をあけ汁気を切り、キュウリとパセリの葉をみじん切りにする。

2 器用のトマト以外の1をボウルに入れて混ぜ、オリーブオイル、塩、こしょうで味をととのえる。

3 1のトマトの器に2をしっかり詰める。

4 皿に盛りつけ、ヴィネグレットソースをかけお好みでバルサミコ酢を煮詰めたソースをかける。

 Secret recipe　　　秘密のレシピ

キュウリの代わりにマッシュルームのみじん切りを入れてもおいしくいただけます。

Café Column 18

フランス主婦のご用達、キッチン道具＆スパイス専門店「ラ・ボヴィダ（LA BOVIDA）」

フランスならではのキッチン道具やスパイスに出会えます。

1921年にオープンしたパリで人気のキッチン道具専門店です。最初は肉の加工品店や精肉店専門の道具を販売する小さな店でしたが、その後、ヴァイオリンの弦やテニスラケットのガットなどを製造したりと、異業種にも進出。1925年にスタートしたスパイスの製造販売が大成功をおさめ、約100種のスパイスと、プロから料理好きのアマチュアを対象にした質の高い料理道具を販売する店として、現在、フランス全土に29店舗を展開しています。パリ店は1区にあり、周囲には、プロ用のキッチン道具の店が何軒か点在しています。料理好きの方は、必見のお店です。

世界各国のスパイスや乾燥ハーブもそろっています。

Access
36 rue Montmartre Paris 1
電話：01 42 36 09 99
営業：月曜〜金曜 10時〜19時30分
土曜日 10時〜20時
メトロ：4番線 Les Halles下車
4番出口
http://www.labovida.com

煮込み料理、焼き料理に使うオーブン用のふたつき容器。奥の細長いものは魚丸ごと1匹を調理できる器です。

パリの食材を日本で探す！ 輸入食材通販オンラインショップ一覧

日本にいながらにしてヨーロッパから輸入された食材を手に入れる方法の一つに、オンラインショップがあります。下記のサイトを参考にして、欲しい食材を探してみてください。

雑穀、穀物、乾物、調味料なら！
○カルディコーヒーファーム 公式オンラインショップ
http://kaldi-online.com/

コーヒー豆はもちろん、世界各国の食材やお茶、調味料が紹介されています。ブルグール（ブルグル）、クスクス、キヌアなど各種パスタや雑穀、マスタードやビネガー、オリーブオイル、瓶詰、缶詰なども充実した品揃えです。

チーズの解説がていねい
○FROMAGE（フロマージュ）
http://www.rakuten.ne.jp/gold/shop-fromage/

NPO法人チーズプロフェッショナル協会認定のチーズ専門店。ヨーロッパの国別にチーズ一覧で見ることができ、さらに歴史から味わい、食べ方までの解説がていねいに書かれているので、初めてヨーロッパのチーズを買う方も安心です。

店長厳選のおいしいチーズと輸入食材
○世界のチーズ専門店 オーダーチーズ
http://www.order-cheese.com/

初心者でも食べやすい入門用チーズから、フランスのチーズ熟成士が手掛ける熟成チーズまで幅広い品揃えが魅力です。生ハムやフォアグラのテリーヌなどの肉加工品、ソースやスパイスなども入手できます。

本格的なシャルキュトリに出会える
○マルシェエモンズ
http://www.aimons-net.com/

フランスの輸入食材が中心で、バスク地方のソシソンを初めとするシャルキュトリに力を入れています。ほかに、エスペレトパウダー、フルール・ド・セル（塩の花）、パイ生地など、ここならではのこだわりの輸入物が手に入ります。

世界のおいしい！がいっぱい
○meshiya
http://www.rakuten.co.jp/kaisenshop/

肉、魚、チーズ、パン、デザートに至るまで、ヨーロッパの大型スーパーマーケットを巡っている気分になれるほど品揃えが充実。イタリア産の水牛モッツァレラやブッラータも入手できます。

三ツ星レストランの味を手に入れるなら
○グルメソムリエ
http://www.gourmet-world.co.jp/shopping/

ヨーロッパから直輸入したあらゆる食材を、業務用価格で一般に販売しています。特に、三ツ星レストランご用達の生ハムやワイン、フォアグラ、ラム肉など、肉類が充実。テリーヌに使う網脂やフォンドボーに必須の仔牛の骨なども。

イタリアのグルメ食材をセレクト
○アンブロシア
http://www.rakuten.ne.jp/gold/ambrosia/

ハモン・セラーノ、グアンチャーレ、スペルト小麦、イタリア米、ひよこ豆、レンズ豆など、パリのカフェレシピでもよく使われているイタリア食材全般を取り扱っています。世界中から集めたというフロマージュの品揃えも充実。

野菜やきのこもフレッシュで販売
○食材王国・ヴェルジュ
http://www.rakuten.co.jp/verjus/

レストランが運営している、フランス料理に必要なさまざまなものが手に入るサイトです。野菜やきのこなどもフレッシュで販売しているものもあり、エスプレット（エスペレット）パウダーなど、日本ではめずらしいスパイスもあります。

パリのマルシェで買い物している気分に
○男の台所
http://www.rakuten.ne.jp/gold/otokonodaidokoro/

肉や魚、貝、野菜やきのこに至るまで、フレッシュな状態で販売しているものもあり、日本にいながらパリのマルシェで買い物している気分になれるサイトです。商品はすべてプロ用食材。料理好きには必見のサイトです。

一年を通して世界の野菜を提供
○農業生産法人　株式会社ヤサイ
http://e-yasai365.com/index.html

アジア、ヨーロッパ、ブラジルの野菜を全国に直売しています。ヨーロッパの野菜は、イタリアンパセリ、ズッキーニ、ビーツなど、アジアの野菜としてはコリアンダーもあります。減農薬、有機肥料を取り入れた栽培方法なので、体にも安心です。

地中海のおいしい食材やワインを提供
○エム・アンド・ピー株式会社
http://www.rakuten.co.jp/chichukai/

本場チュニジアのクスクスや、スパイスが入った唐辛子ペースト「ハリサ」を取り扱っています。ほかに、白ねりゴマ、オリーブの実やオリーブオイルなどの厳選の食材と地中海沿岸の国のワインがそろっています。

こだわりの赤いルバーブを味わう
○富士見町ルバーブ生産組合
http://www.fujimi-aka-rhubarb.jp/

長野県諏訪郡富士見町では、夏でも冷涼な気候を生かして、シベリア原産のおいしい真っ赤なルバーブを生産しています。出荷は6月〜10月下旬まで。朝どりしたものを冷蔵保存の状態で届けてくれます。

※食材は時季や状況によっては、取り扱っていないことがあります。ご了承ください。

荒井好子／Yoshiko ARAÏ（あらい・よしこ）

クラシック音楽を勉強したあと、1971年に渡仏。パリ第8大学映画科を卒業。ピエール・カルダン経営の「マキシム・フラワー」に4年間勤務する間に、パリの洗練された花の世界に触れる。1990年より雑誌『フローリスト』（誠文堂新光社）や『BISES』（芸文社）にパリの花の世界とライフスタイルの連載記事を執筆。ヨーロッパの食文化の歴史やフランス上流社会のライフスタイルにも精通し、テーブルセッティングと花、おいしい家庭料理を中心にした「フランスマダムのおもてなし」の世界をセミナーなどで日本に紹介し、好評を得ている。http://ameblo.jp/yoshikoarai-paris/

デザイン	中山詳子
撮影	松永 学
イラスト・地図	松本孝志
校正	小川睦美、みね工房
企画・編集	株式会社 童夢
編集	植木優帆（マイナビ出版）
撮影協力(P.4)	LE BASTILLE 8 Place de la Bastille Paris 11　メトロ：1．5．8番線 Bastille下車
商品協力	新富士バーナー　TEL：0533-75-5000　http://www.shinfuji.co.jp/

プレゼントが当たる！マイナビBOOKSアンケート

本書のご意見・ご感想をお聞かせください。
アンケートにお答えいただいた方の中から抽選でプレゼントを差し上げます。

https://book.mynavi.jp/quest/life

パリのカフェごはん
パリジェンヌが恋する人気店の秘密レシピ

2015年11月20日　初版第1刷発行

著者	荒井好子
発行者	滝口直樹
発行所	株式会社マイナビ出版 〒101-0003 東京都千代田区一ツ橋2-6-3 一ツ橋ビル2F TEL：0480-38-6872（注文専用ダイヤル） TEL：03-3556-2731（販売部） TEL：03-3556-2736（編集部） E-mail：pc-books@mynavi.jp URL：http://book.mynavi.jp
印刷・製本	図書印刷株式会社

注意事項について

○本書の一部または全部について個人で使用するほかは、著作権法上、著作権者および(株)マイナビ出版の承諾を得ずに無断で複写、複製することは禁じられております。○本書についてのご質問等ございましたら、上記メールアドレスにお問い合わせください。インターネット環境のない方は、往復はがきまたは返信用切手、返信用封筒を同封の上、(株)マイナビ出版 編集第5部書籍編集課までお送りください。○乱丁・落丁についてのお問い合わせは、TEL：0480-38-6872（注文専用ダイヤル）、電子メール：sas@mynavi.jpまでお願いいたします。○本書の記載は2015 年10月現在の情報に基づいております。そのためお客さまがご利用されるときには、情報が変更されている場合もあります。○本書中の会社名、商品名は、該当する会社の商標または登録商標です。

定価はカバーに記載しております。
©Yoshiko Arai 2015　©Mynavi Publishing Corporation 2015
ISBN978-4-8399-5695-0 C2077
Printed in Japan